HAMBURG
Anke Clausen

66 Lieblingsplätze
und 11 Bars
HAMBURG

Anke Clausen

Besuchen Sie uns im Internet:
www.gmeiner-verlag.de

© 2011 – Gmeiner-Verlag GmbH
Im Ehnried 5, 88605 Meßkirch
Telefon 07575/2095-0
info@gmeiner-verlag.de
Alle Rechte vorbehalten
1. Auflage 2011

Lektorat/Redaktion: Claudia Senghaas, Kirchardt; Sven Lang
Satz: Christoph Neubert
Umschlaggestaltung: U.O.R.G., Lutz Eberle, Stuttgart
unter Verwendung eines Fotos von Anke Clausen
Kartendesign: Matthias Schatz
Druck: AZ Druck und Datentechnik GmbH, Kempten
Printed in Germany
ISBN 978-3-8392-1170-0

KLASSISCHE SEHENSWÜRDIGKEITEN

... DAS MÜSSEN SIE SEHEN

MODERNE SEHENSWÜRDIGKEITEN

... DAS SOLLTEN SIE SICH ANSCHAUEN

ORTE ZUM AUSSPANNEN

... LASSEN SIE DIE SEELE BAUMELN

▌ESSEN UND TRINKEN
… FÜR JEDEN GESCHMACK

▌FÜR SCHIFFSKENNER UND LEICHTMATROSEN
… GEHEN SIE AN BORD!

▌BESONDERE ERLEBNISSE
… WIE COOL IST DAS DENN?

I SHOPPING
... GEHEN SIE MAL BUMMELN

I SPASS MIT KINDERN
... UND SIE DÜRFEN AUCH WIEDER KIND SEIN

I TOUREN
... ERFAHREN SIE MEHR

Hamburg ist das Tor zur Welt. Unsere nördliche Metropole an der Elbe ist wirklich eine Stadt zum Verlieben. Knapp 1,8 Millionen Einwohner aus 179 Nationen haben ihre Lieblingsplätze schon gefunden. Besucher sollten sich sofort auf die Suche danach machen. Rund um Elbe und Alster gibt es unglaublich viel zu entdecken.

DAS TOR ZUR WELT

Nur wer in dritter Generation in Hamburg geboren wird, darf sich Hamburger nennen, sonst ist man ein ›Quiddje‹.

Aber auch als ›Zugezogener‹ fühlt man sich gleich heimisch. Wir Hamburger, echte oder neue, sind offen, ehrlich und hilfsbereit und **GUCKEN SIE SCHIFFE.** Touristen aus aller Welt natürlich sehr herzlich willkommen. Das kosmopolitische Flair der Stadt ist nicht nur am Hafen zu spüren. Rund 300.000 Gäste werden allein im Jahre 2011 von Bord eines der luxuriösen Kreuzfahrtschiffe gehen und beim Landgang die Stadt entdecken. Die Queen Mary 2 steuert Hamburg regelmäßig an und wird immer wieder begeistert gefeiert. Bei uns kann jeder zum Seemann werden. Die Hafenbarkassen, die Museumsschiffe und die Alsterdampfer freuen sich auf Ihren Besuch. An Bord eines Tretbootes werden sie selbst zum Kapitän. Das Internationale Maritime Museum zeigt Ihnen auf neun Etagen alles, was mit der Seefahrt zu tun hat. Plätze zum ›Schiffe Gucken‹ gibt es viele. Sie können dabei einen köstlichen Cocktail in einer schönen Bar genießen oder einfach mit einer Flasche Bier am Elbstrand sitzen. **ERLEBEN SIE DIE GRÜNSTE STADT EUROPAS.**

Bevor Sie den Sonnenuntergang bestaunen, sollten Sie aber aktiv werden. Besuchen Sie die klassischen Sehenswürdigkeiten wie die St. Michaeliskirche, das Mahnmal St. Nikolai oder das Rathaus. In der historischen Speicherstadt, dem größten auf Eichenpfählen gebauten Lagerkomplex der Welt, stapeln sich nicht nur mehr Orientteppiche als sonst wo auf dem Planeten: In den alten Speichern sind unter anderem auch verschiedene Museen zu Hause.

Das Miniatur Wunderland, die größte Modelleisenbahn der Welt, begeistert groß und klein. Neben der Speicherstadt wächst mit der HafenCity ein ganz neuer Stadtteil heran, der schon jetzt mit modernster Architektur beeindruckt. Ein Konzerthaus der Extraklasse entsteht auf dem größten Kaispeicher direkt an der Spitze. Die Elbphilharmonie wird zum neuesten Wahrzeichen Hamburgs.

Kulinarisch können Sie sich mit Gerichten aus der ganzen Welt verwöhnen lassen. Natürlich sollten Sie auch die regionale Küche kosten. Probieren Sie mal Labskaus. Sie können sich auch von 11 Sterneköchen verwöhnen lassen. Nachts lockt die sündige Meile. Lassen Sie sich von Olivia Jones und ihren Kollegen in die Geheimnisse St. Paulis rund um die Reeperbahn einweihen. Am frühen Sonntagmorgen können Sie entweder am Fischmarkt weiterfeiern oder ausgeschlafen von Stand zu Stand bummeln. Die Marktschreier sind besser als mancher Comedian. Erholen können Sie sich in der grünsten Stadt Europas an jeder Ecke.

SHOPPING FÜR JEDEN GESCHMACK

Kommen Sie zur Ruhe und spazieren Sie an der Alster, im Stadtpark oder auch auf dem Ohlsdorfer Friedhof, dem größten Parkfriedhof der Welt. Mit neuer Kraft könnten Sie sich dann auf einen Shoppingtrip machen. Am Neuen Wall finden Sie die bekannten Luxuslabels. Kreatives Design und mehr machen die kleinen Läden im Karolinenviertel und in der Schanze zu etwas Besonderem. Wenn Sie schon genug Klamotten haben, dann spielen Sie doch Minigolf im Schwarzlicht, steigen Sie mit dem Fesselballon HighFlyer auf, düsen Sie auf einen Segway durch die Stadt oder lassen Sie sich im Planetarium viel mehr als nur das Sonnensystem erklären. Ich jedenfalls hatte unglaublich viel Spaß mein Hamburg neu zu entdecken. Und meine Kinder auch! An den Wochenenden waren meine kleinen Assistenten mit Begeisterung dabei. Die Kamera Lumix GH1 von Panasonic hat mich auf all meinen Citytrips begleitet und die schönsten Eindrücke festgehalten. Auch bei schwierigen Lichtverhältnissen waren die Ergebnisse beeindruckend. Keines der Bilder ist nachbearbeitet und ich habe auch kein Stativ mitgeschleppt. Ich wünsche Ihnen bei Ihrer eigenen Großstadtsafari viel Spaß. Ich bin mir sicher, dass Sie Ihre persönlichen Lieblingsplätze finden werden.

Ihre Anke Clausen

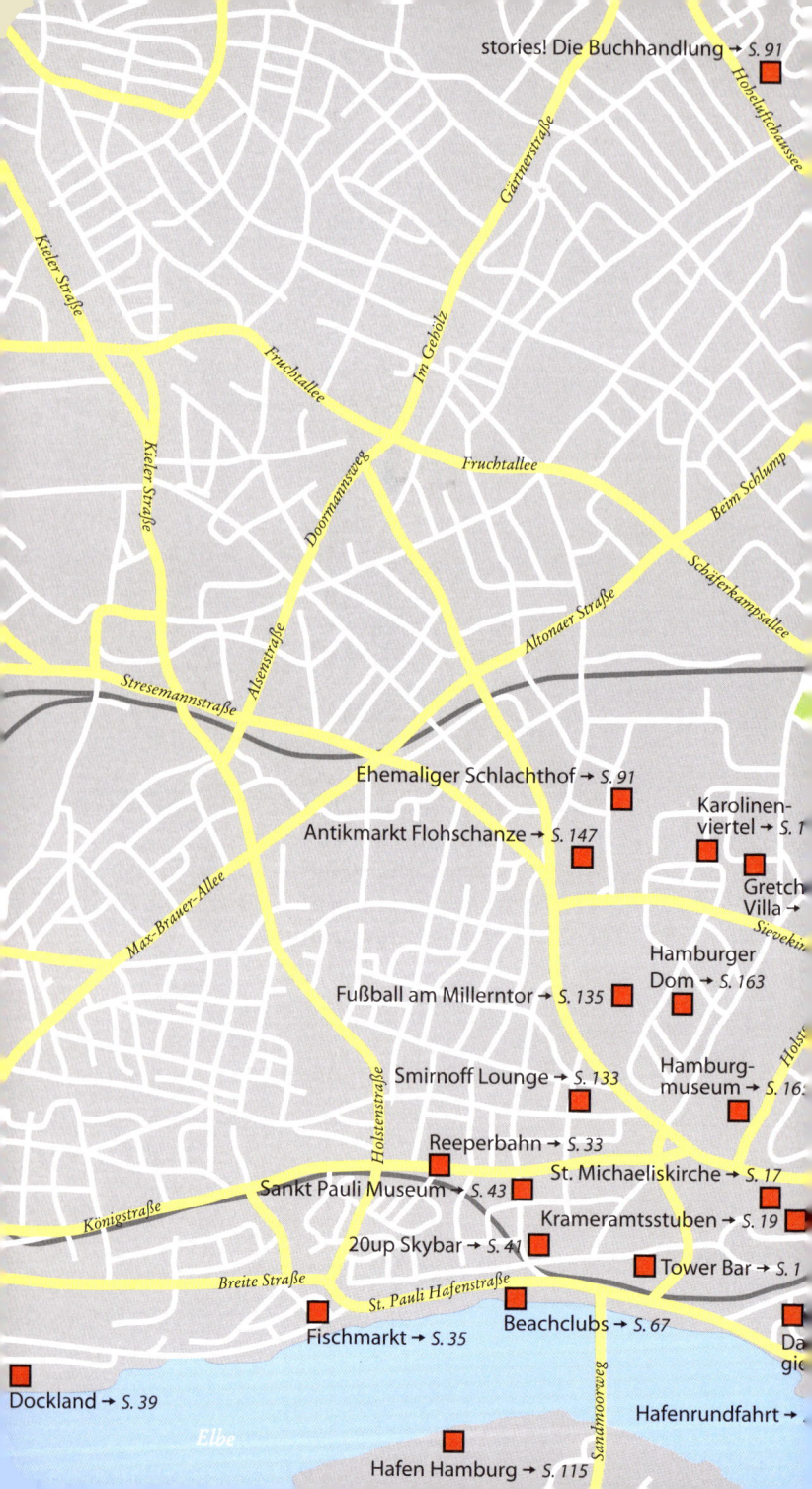

stories! Die Buchhandlung → S. 91

Ehemaliger Schlachthof → S. 91

Antikmarkt Flohschanze → S. 147

Karolinen-
viertel → S. 1

Gretch
Villa →

Hamburger
Dom → S. 163

Fußball am Millerntor → S. 135

Hamburg-
museum → S. 16

Smirnoff Lounge → S. 133

Reeperbahn → S. 33

St. Michaeliskirche → S. 17

Sankt Pauli Museum → S. 43

Krameramtsstuben → S. 19

20up Skybar → S. 41

Tower Bar → S. 1

Fischmarkt → S. 35

Beachclubs → S. 67

Da
gi

Dockland → S. 39

Hafenrundfahrt →

Hafen Hamburg → S. 115

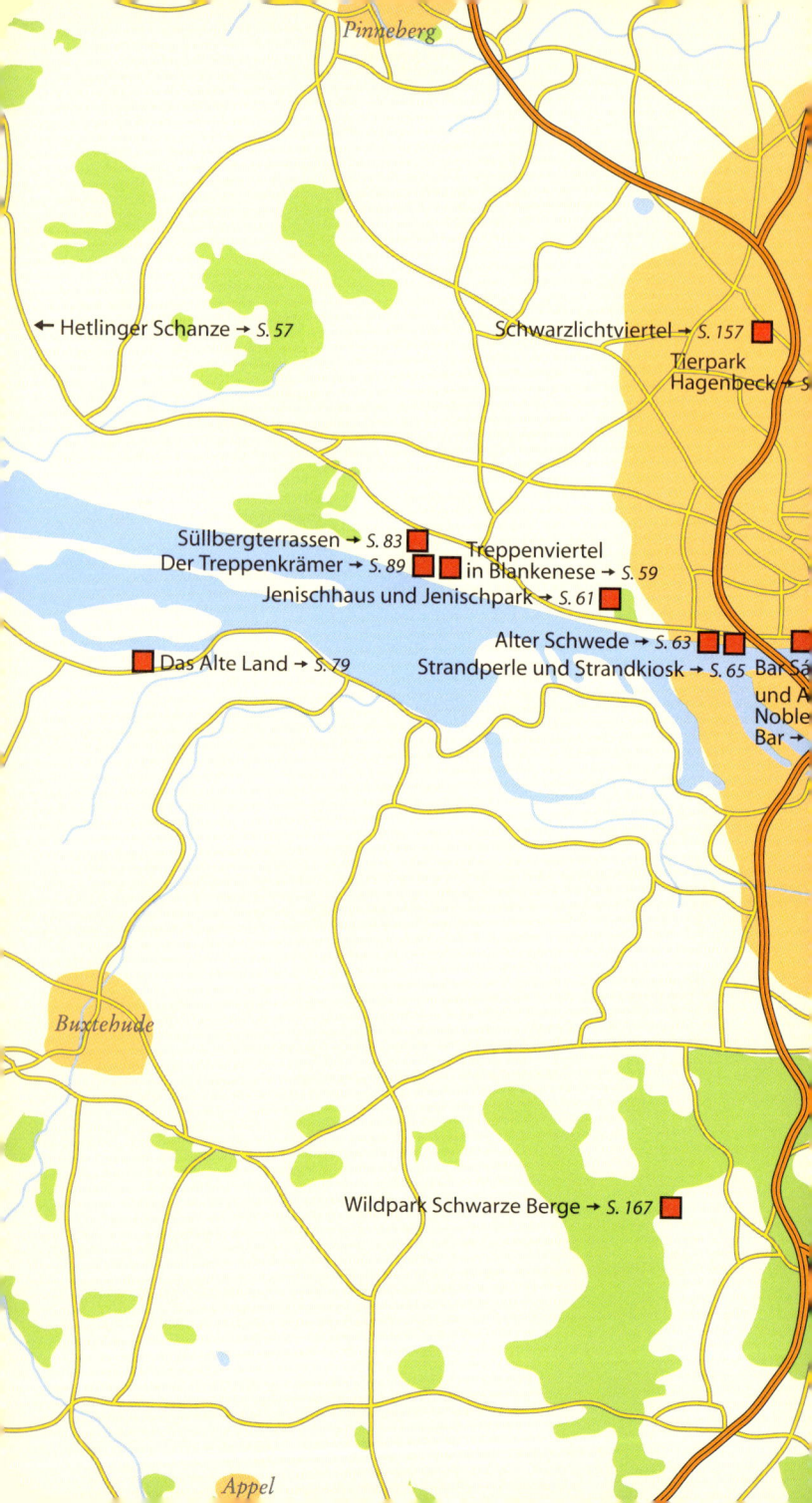

Pinneberg

← Hetlinger Schanze → *S. 57*

Schwarzlichtviertel → *S. 157* ■

Tierpark
Hagenbeck → S

Süllbergterrassen → *S. 83* ■
Der Treppenkrämer → *S. 89* ■ ■ Treppenviertel
in Blankenese → *S. 59*

Jenischhaus und Jenischpark → *S. 61* ■

Alter Schwede → *S. 63* ■ ■ ■

■ Das Alte Land → *S. 79*
Strandperle und Strandkiosk → *S. 65* Bar Sá
und A
Noble
Bar →

Buxtehude

Wildpark Schwarze Berge → *S. 167* ■

Appel

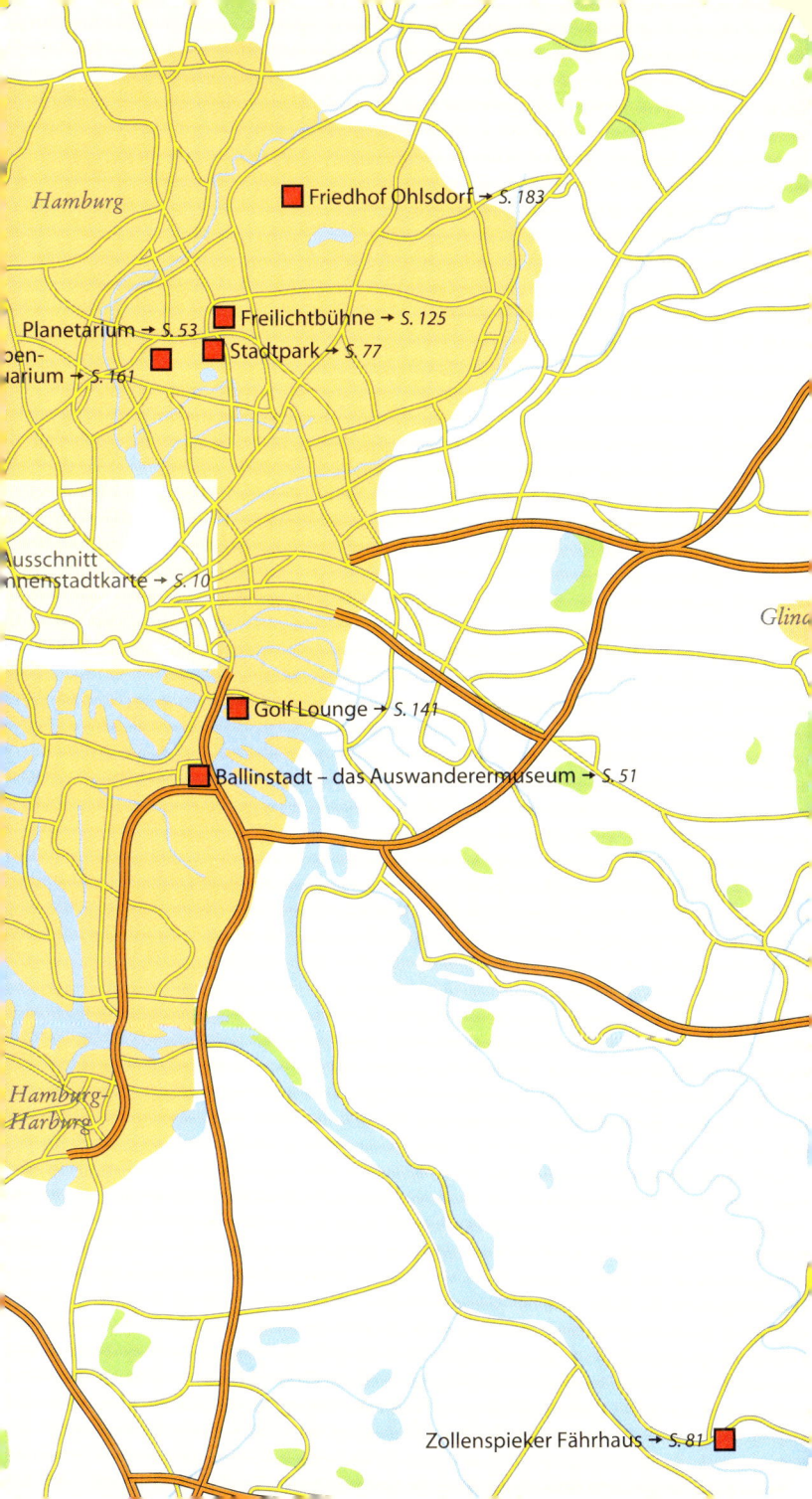

Hamburg

Friedhof Ohlsdorf → *S. 183*

Planetarium → *S. 53*

Freilichtbühne → *S. 125*

Stadtpark → *S. 77*

…ben-
…arium → *S. 161*

…usschnitt
…nnenstadtkarte → *S. 10*

Glind…

Golf Lounge → *S. 141*

Ballinstadt – das Auswanderermuseum → *S. 51*

*Hamburg-
Harburg*

Zollenspieker Fährhaus → *S. 81*

ST. MICHAELISKIRCHE /// ENGLISCHE BLANKE 1 /// 20459 HAMBURG ///
0 40 / 37 67 80 /// WWW.ST-MICHAELIS.DE ///

Testen Sie Ihre Kondition. Nehmen Sie nicht den Fahrstuhl, sondern steigen Sie die 453 Stufen auf den Turm hoch. Wenn Sie auf der Aussichtsplattform angekommen nicht keuchen müssen, sind Sie wirklich fit. Sollten Ihnen die Knie zittern und Sie aus der Puste sein, gibt es auf der 82 Meter hohen Aussichtsplattform der St. Michaeliskirche genug Sauerstoff. Atmen Sie durch und bestaunen Sie Hamburg von oben.

DAS WAHRZEICHEN

Einmal im Jahr wird es richtig laut um die schöne Barockkirche. Das beeindruckende Brummen von über 40.000 Motorrädern passt auf den ersten Blick gar nicht zu Gottesdienst und Orgelmusik. Manche Biker sind tätowiert und würden Kirchgänger vieler Gemeinden einfach nur schockieren. Nicht in der Hamburger Hauptkirche St. Michaelis. Seit 1984 gibt es diesen speziellen Gottesdienst, an dem der noch so harte Kerl um einen Kumpel trauern darf, dem seine Leidenschaft zum Verhängnis wurde. ›Fahr nicht schneller als dein Schutzengel fliegen kann.‹

> **Tipp**
>
> Auf dem Turm kann es auch **ROMANTISCH** werden. Gläschen Sekt außerhalb der Öffnungszeiten? Wenden Sie sich an die Krameramtstuben. Da lässt sich was machen!

Im Michel nehmen wir Hamburger auch Abschied von Menschen, die für unsere Stadt wichtig waren und die wir vermissen werden. Als Helmut Schmidt hier um seine große Liebe und Ehefrau Loki trauerte, an seiner Hand neben seinem auch ihren Ehering tragend, waren nicht nur die Hamburger ergriffen.

Das Wahrzeichen der Stadt, das schlicht ›Michel‹ genannt wird, ist bereits die dritte Kirche an dieser Stelle. Die erste wurde 1661 fertig gestellt. Nach einem Blitzschlag brannte sie 1750 nieder. 1762 stand die neue barocke Kirche, später kam der Turm dazu. Wieder war es ein Feuer, das die Kirche 1906 zerstörte.

DAS GRÖSSTE ZIFFERNBLATT DEUTSCHLANDS HAT EINEN DURCHMESSER VON ACHT METERN.

Die Hamburger wollten ihr Wahrzeichen wiederhaben und so wurde das Gotteshaus rekonstruiert. Natürlich feuerfester, mit Beton und Stahl. Die berühmte Kupferhaube des 123 Meter hohen Turms ist ein Symbol für die weltoffene Stadt. Religiöse und Rocker, Weihnachtschristen und Weltreisende, Trauernde und sich Trauende, alle sind willkommen.

KRAMERAMTSSTUBEN /// KRAYENKAMP 10 /// 20459 HAMBURG ///
0 40 / 36 58 00 /// WWW.KRAMERAMTSSTUBEN.DE ///

Die 300 Jahre alten Fachwerkhäuschen im Reihenhausstil sind das letzte Überbleibsel dieser Epoche in der Hansestadt. Es grenzt an ein Wunder, dass diese kleine Gasse unweit der Michaeliskirche noch steht. Der große Brand 1842 und der Feuersturm im Zweiten Weltkrieg haben rundherum fast alles zerstört. Besuchen Sie die schmale Gasse mit den Fachwerkhäuserzeilen, die heute mit kleinen Läden und einem Restaurant nicht nur Touristen begeistert.

SOZIALER WOHNUNGSBAU
AUS DEM 17. JAHRHUNDERT

Das Krameramt war die Gilde der Kaufleute in Hamburg. Die Hamburger Kleinhändler hatten sich bereits im Jahre 1375 zusammengeschlossen. Die Zunft war sowohl praktisch als auch sozial. Da sich die Wohnungen der Händler über den Geschäften befanden, gab es nach dem Tod des Kaufmanns ein Problem mit der Weitervermietung des Ladens, wenn dort noch eine Witwe lebte. Frauen durften das Geschäft nicht allein weiterführen. Die Zunft veranlasste in den 70er-Jahren des 16. Jahrhunderts den Bau der Krameramtsstuben. Hier durften die Witwen nun leben und das ehemalige Heim samt Laden konnte wieder an einen neuen

> **Tipp**
>
> Die kleine Gasse mit den Krameramtstuben liegt direkt am Michel. Wenn Ihnen nach Erklimmen des Turmes etwas wackelig ist, bekommen Sie hier auch **DEFTIGES ESSEN** und einen Schnaps.

Kaufmann vergeben werden. Problem gelöst. Das Museum für Hamburgische Geschichte macht es möglich, dass Sie heute eine vollständig eingerichtete Kramerwitwenwohnung besichtigen können. Machen Sie sich ein Bild, wie die Frauen im Jahre 1850 bis 1860 gelebt haben. Mit ein bisschen Fantasie können Sie sich in die Vergangenheit zurückversetzen und sich das Leben in der engen Gasse vorstellen. Kein Strom, kein fließend Wasser, keine Toilette. Bis 1968 lebten hier wirklich noch ältere Hamburger in Altenwohnungen, natürlich unter verbesserten Umständen. Heute

SCHNUCKELIG, ABER VOR 300 JAHREN OHNE STROM UND FLIESSEND WASSER EHER WENIGER ROMANTISCH.

sitzt man bei schönem Wetter urgemütlich unter freiem Himmel. Bis Sommer 1974 wurden die Häuser in der Gasse restauriert und stehen seitdem jedem kostenfrei offen. Bezahlen müssen Sie aber, wenn Sie im Restaurant ›Krameramtsstuben‹ essen wollen. Von Matjes bis Labskaus gibt es typisch norddeutsche Gerichte. Wer sich da nicht rantraut, bekommt auch ein Wiener Schnitzel.

St. Nikolai ist eine der ältesten Hauptkirchen der Stadt. 1195 wurde die kleine Hafenkapelle gegründet. Der Handel in Hamburg florierte über die Jahrhunderte und St. Nikolai wuchs mit. Das mittlerweile eindrucksvolle Gebäude brannte 1842 beim ›Großen Brand‹ nieder. Die Hamburger bauten ihre Kirche wieder auf. Als neogotischer Prachtbau war St. Nikolai nach der Fertigstellung 1874 das höchste Gebäude der Welt! Und im Zweiten Weltkrieg wurde die Kirche zur Zielscheibe in einem grausamen Krieg.

VON HIMMELHOCH JAUCHZEND BIS ZU TODE BETRÜBT

Ein großartiger Ausblick und ein furchtbarer Rückblick. Man wird nicht manisch depressiv, wenn man das Mahnmahl besucht, aber gemischt werden die Gefühle schon sein zwischen Turm und Krypta. Mit dem gläsernen Panoramalift geht es 1,6 Meter pro Sekunde nach oben auf die 76 Meter hohe Aussichtsplattform. Erst seit 2005 gibt es diesen Lift. Im Fahrstuhl stehen Franzosen, Polen, Amerikaner und Italiener. Es bietet sich ein unglaublicher Blick über die ganze Stadt dar. Der Kirchturm ist mit 147,3 Metern der vierthöchste der Welt. Und damit beginnt der andere Teil. Zu Tode betrübt. Es gibt eigentlich nur noch diesen Kirchturm. Die Kirche an sich ist zerstört. Sie diente als Zielscheibe der ›Operation Gomorrha‹ im Zweiten Weltkrieg. Es waren die schwersten Angriffe in der Geschichte des Luftkrieges. Der zerstörte Rest der Kirche wurde in den 1950er-Jahren abgerissen und für viele Jahre vergessen. In den 1990ern ermöglichte es die Spendenbereitschaft der Hamburger, St. Nikolai als Mahnmal zu erhalten.

> **Tipp**
>
> Das Carillon ist frei einsehbar. 51 Glocken, 13 Tonnen schwer. Vor der Zerstörung stand hier die Orgel. Viermal täglich erklingt die **STUNDENMELODIE**.

> **DER FAHRSTUHL BRINGT SIE IN DEN HIMMEL, IN DER KRYPTA SEHEN SIE DIE HÖLLE.**

In der Krypta erinnert eine Ausstellung an den Zweiten Weltkrieg. Mahnend, nicht wertend. Es werden Fotos gezeigt. ›Vorher – Nachher‹ würde man salopp sagen. Ein Film erinnert an den Luftangriff ›Gomorrha‹ und den Feuersturm. Die Bilder und die vorgetragenen Augenzeugenberichte sind grausam. Man ist gelähmt und erschüttert. Die Nächte im Hochsommer 1943 müssen die Hölle auf Erden gewesen sein. Zurück im Tageslicht braucht es ein paar Minuten länger, um wieder im Hier und Jetzt anzukommen.

In der Nacht zum 5. Mai 1842 verursachte ein Brand in der Deichstraße eine Katastrophe. Gleich mehrere unglückliche Umstände und einige Fehlentscheidungen trugen dazu bei, dass fast die gesamte Innenstadt in Schutt und Asche gelegt wurde. Erst am 8. Mai verkündete der Senat offiziell das Ende des Großen Brandes, der das Bild der Stadt für immer verändert hatte.

DER GROSSE BRAND

Die Abhandlung der Katastrophe, die von den Hamburger Feuerwehr-Historikern verfasst wurde, liest sich wie das Exposé zu einem Roland-Emmerich-Film. Es ist tiefe Nacht, als es im Haus des Tabakhändlers Eduard Cohen zu knistern beginnt. Ein Nachtwächter läuft durch die Straßen und entdeckt die ersten Flammen. Sich der Gefahr bewusst, brüllt er:

»Füer, Füer, Füer!« Die Kirchenglocken warnen die Bewohner. Die Feuerwehr rückt an. Es war seit Tagen sehr heiß. Die Flammen fressen sich durch die ausgetrockneten Fachwerkbalken.

Tipp

Auf den **HOMEPAGES DER VEREINE** ›Hamburger Feuerwehr-Historiker‹ und ›Rettet die Deichstraße‹ erfahren Sie mehr über den Großen Brand und die einzelnen Häuser in der Deichstraße.

Die Kanäle sind fast leer und es gibt zu wenig Löschwasser. Eine beeindruckende Szene zeigt, wie das Feuer sogar den sieben Meter breiten Deichstraßenfleet überspringt. Johann Ehlert Bieber und Adolph Repsold leiten den Einsatz. Abgekämpft und mit Ruß geschwärzten Gesichtern erkennen die Männer die Aussichtslosigkeit der Löschversuche und schlagen vor, Häuser zu sprengen, um dem Feuer die Nahrung zu nehmen. Polizeisenator Hartung schreitet am Vormittag in seinem Arbeitszimmer auf und ab und erwägt das Für und Wider. Dann entscheidet er sich dagegen. Stattdessen sollen weitere Lösch-

DAS HISTORISCHE UND DAS MODERNE HAMBURG AUF EINEN BLICK

mannschaften herangezogen werden. Gegen 15 Uhr erreichen die Flammen die 650 Jahre alte St. Nikolaikirche. Nur eine Stunde später stürzt der Turm in sich zusammen. Es wird nun doch mit der Sprengung einiger Häuser begonnen, zu spät … Ausgerechnet Teile der Deichstraße sind erhalten geblieben. Heute ist hier vor allem Gastronomie angesiedelt. Es ist einfach schön hier eine kleine Pause zu machen, etwas zu essen und einen Blick auf den Nikolaifleet und die schiefen Fassaden zu werfen.

Kaiser Wilhelm II. legte 1888 höchstpersönlich den Schluss-
stein und weihte damit die weltweit größten zusammenhängenden Speicher im neuen Freihafen ein. Ein Mammutprojekt.
Unzählige Eichenpfähle mussten zuvor in den sumpfigen Boden getrieben werden. Damals modern konnte das Stückgut
direkt in die Lagerhallen gebracht werden. Seit den 1970er-
Jahren wird in Containern umgeschlagen. Eine Entwicklung,
welche die Speicherstadt bis knapp vor den Abriss brachte.

MODERNES LEBEN IN ALTEN LAGERHÄUSERN

Die alten Lagerhäuser im Gotik anmutenden Backstein-Look sind zum
Glück noch vorhanden und seit 1991 stehen sie unter Denkmalschutz.
Seit 2004 gehört die Speicherstadt nicht mehr zum Freihafen, sondern
ist Teil der neuen HafenCity. Heute kann man in der Speicherstadt sehr
schön wohnen und arbeiten. Das Flair der alten Zeiten muss man nicht
komplett missen. Mehr Orientteppiche werden weltweit nirgends gelagert und Sie sind bei den Händlern immer gern auf einen Tee eingeladen.
In der historischen Speicherstadt kann man heute viel erleben. Das Fol-
gende hat mir persönlich sehr gefallen.

INTERESSANTE ORTE MIT DER POSTLEITZAHL 20457

SPEICHERSTADTMUSEUM

Das Museum befindet sich in einem über 100 Jahre alten Lagerhaus.
Hier erfahren Sie nicht nur alles über die Speicherstadt, Sie können auch
an einer Kaffee- oder Teeverkostung teilnehmen. Das Museum begeistert auch regelmäßig mit Krimilesungen und weiteren tollen Veranstaltungen.

ST. ANNENUFER 2 /// 0 40 / 32 11 91 ///
WWW.SPEICHERSTADTMUSEUM.DE ///

SPICY'S GEWÜRZMUSEUM

Im weltweit einzigen Gewürzmuseum dürfen Sie anfassen und schnup-
pern. Außerdem gibt es viele Exponate zu bestaunen, die im Laufe der
Jahrhunderte zur Bearbeitung der Gewürze genutzt wurden.

AM SANDTORKAI 32 /// 0 40 / 36 79 89 ///
WWW.SPICYS.DE ///

AFGHANISCHES MUSEUM

Im Tal von Bamiyan befanden sich die größten stehenden Buddhasta-
tuen der Welt. 2001 sprengten die Taliban das Weltkulturerbe. Wussten
Sie das? Im Museum erfahren Sie mehr über das Land, das wir in erster
Linie als Kriegsschauplatz kennen.

AM SANDTORKAI 32 /// 0 40 / 37 82 36 /// WWW.AFGHANISCHES-MUSEUM.DE ///

FLEETSCHLÖSSCHEN

Das kleine Backsteinhäuschen wirkt noch einmal winziger, weil es vor
eindrucksvollen Speichern steht. Es diente schon als Zollhäuschen, Feu-
erwache und öffentliche Toilette. Heute ist es ein zauberhaftes Bistro.

BROOKTORKAI 17 /// 0 40 / 30 39 32 10 /// WWW.FLEETSCHLOESSCHEN.DE ///

HAMBURG DUNGEON

Möchten Sie gern eine Zeitreise ins Mittelalter machen? Dann sind Sie hier
richtig. Doch aufgepasst, dieser Rundgang ist nichts für schwache Nerven.
Professionelle Schauspieler lehren Sie das Fürchten. Seien Sie live dabei,
wenn man Pirat Störtebeker den Kopf von den Schultern trennt.

KEHRWIEDER 2 /// 0 40 / 36 00 55 00 /// WWW.THE-DUNGEONS.DE ///

MINIATUR WUNDERLAND

Ich bin kein Mensch, der sich für Modelleisenbahnen begeistern kann,
eigentlich. Meine Tochter wollte unbedingt mal hin. Also gut. Was ich im
Miniatur Wunderland sehen durf-
te, hat mich total überrascht. Die
größte Modelleisenbahn der Welt
schafft es, sogar Märklinmuffel zu
begeistern. 1.300 Meter Gleise lassen die Züge durch verschiedene
Landschaften und Länder ziehen.
Die sich ändernde Lichtstimmung
simuliert Tag und Nacht. Und es wird kräftig weiter gebaut. Mehr Liebe
zum Detail ist nicht möglich.

> **Tipp**
>
> Bei einer **HAFENRUNDFAHRT** lernen
> Sie die Speicherstadt von der
> Wasserseite kennen. Ein Land-
> gang bringt Ihnen die moderne
> Speicherstadt und die kulturelle
> Seite näher.

KEHRWIEDER 4 /// 0 40 / 3 00 68 00 /// WWW.MINIATUR-WUNDERLAND.DE ///

DIE SPEICHERSTADT KAFFEERÖSTEREI

Ganz schön anstrengend, so eine kleine Tour durch die Speicherstadt?
Genießen Sie Ihren verdienten Kaffee und mehr. Hier wird frisch geröstet
und es duftet köstlich.

KEHRWIEDER 5 /// 0 40 / 31 81 61 61 /// WWW.SPEICHERSTADT-KAFFEE.DE ///

OBERHAFEN-KANTINE

Die Oberhafenkantine war eine sogenannte Kaffeeklappe. So nannte man die Speiselokale, in denen die Hafenarbeiter preiswert essen konnten. Da

EIN BISSCHEN SCHIEF. EIN BISSCHEN SCHRÄG. DIE OBERHAFEN-KANTINE.

manch ein Arbeiter gern mal zu tief ins Glas schaute, wurde früher kein Alkohol ausgeschenkt. Heute dürfen Sie zu den immer noch günstigen Gerichten gern ein Bierchen bestellen.

STOCKMEYERSTRASSE 39 /// **WWW.OBERHAFENKANTINE-HAMBURG.DE** ///

Der Traum vom eigenen Haus kann Bauherren schlaflose Nächte bescheren. Alles, selbst jede Steckdose, muss genau geplant werden. Das kostet Nerven und man kann schnell den Überblick verlieren, auch bei 200 Quadratmetern Wohnfläche. Ich möchte Ihnen ein Bauwerk vorstellen, das um die 370.000 Quadratmeter hat und seit über 100 Jahren ›bewohnt‹ ist. Von der Hamburger Bürgerschaft und dem Senat.

SCHÖNER DEBATTIEREN – BESTE LAGE, 647 ZIMMER

Wir Hamburger bestimmen in eher unregelmäßigen Abständen, welche Politiker hier ein- und ausgehen. Es wird viele Sitzungen geben, in denen die Mitglieder der Bürgerschaft keine Zeit haben, auf die historischen Schönheiten ihres Arbeitsplatzes zu achten. Sie können das Rathaus fast jeden Tag besuchen und bei einer 40-minütigen Führung die Räumlichkeiten bestaunen. Bleiben Sie brav bei Ihrer Gruppe! In 647 Räumen kann man sich schnell verlaufen. Zurück zur Baustelle. Ein neues Rathaus musste her, weil

Tipp

In den **BEEINDRUCKENDEN KELLERGEWÖLBEN** befindet sich das Restaurant Parlament. Hier haben sich schon einige legendäre Stars kulinarisch verwöhnen lassen.

das alte 1842 während des ›Großen Brandes‹ gesprengt worden war, um die Flammen aufzuhalten. Leider vergebens. Das Feuer vernichtete zwei Drittel der Stadt. Nach 43 Jahren, unzähligen Entwürfen und widrigen Umständen konnte mit dem Neubau begonnen werden. Als erstes musste der sumpfige Marschboden präpariert werden. 4.000 Eichenpfähle wurden in den Boden getrieben, um das spätere Gebäude zu tragen. 1897 wurde das Rathaus eröffnet. Von Feuer wollte man nichts mehr wissen. Zwar schmücken imposante Kamine die vielen Säle, doch die sind so gut wie neu. Angeblich wurde nie einer benutzt. Das war auch nicht nötig, denn das Rathaus verfügte als erste Gebäude der Stadt über das Fernwärme und Elektrizität. Dass dieses beeindruckende Bauwerk den Zweiten

PRACHTBAU UND ARBEITSPLATZ DER HAMBURGER BÜRGERSCHAFT UND DES SENATS

Weltkrieg relativ schadlos überstanden hat, grenzt an ein Wunder. Ein Volltreffer hat zum Glück nicht gezündet. Der fehlerhafte Zünder kann im Phönixsaal besichtigt werden. Im großen Festsaal findet jährlich das Matthiae-Mahl statt. 400 geladene Gäste dürfen dann am ältesten Festmahl der Welt teilnehmen.

In den beeindruckenden Räumlichkeiten mit der schönen Gewölbedecke wurde schon vor über 100 Jahren getafelt. 1896 eröffnete der Ratsweinkeller im Untergeschoss des Rathauses. Heinrich Heine und Otto von Bismarck, Heinz Ehrhardt, Freddy Quinn und viele bedeutende Persönlichkeiten waren zu Gast. Seit 2007 heißt das Restaurant ›Parlament‹ und überzeugt mit Traditionsbewusstsein und moderner Eleganz.

TAGEN SIE AUCH NACHTS IM PARLAMENT

Wenn sich die Hamburger Bürgerschaft im Parlament trifft und debattiert, kann es auch mal laut und ungemütlich werden. Wie schön, dass im zweiten Parlament des ehrwürdigen Gebäudes davon so gar nichts zu spüren ist. Imposante Säulen stützen die gewölbte Decke und dunkle Holztäfelungen schmücken den feudalen Gastraum. Das zuvorkommende Personal serviert Ihnen großzügige Portionen. Norddeutsche und internationale Gerichte stehen auf der Karte: Matjes, Labskaus, Pannfisch und auch deftige Steaks, Tafelspitz und weiteres werden angeboten. Auch

> **Tipp**
>
> Im Kellergewölbe und auch auf der Terrasse können Sie den **MITTAGSTISCH VON 11:30 BIS 17:00 UHR** genießen. Inklusive Softdrink werden Sie für 8,40 Euro satt.

Bürgermeister lassen sich hier die Köstlichkeiten schmecken. Küchenchef Dominik Jungermann kochte schon bei Alfons Schuhbeck. Bei schönem Wetter können Sie sich die Speisen auch im Innenhof servieren lassen. Der prächtige Hygieia-Brunnen, Namensgeberin war die griechische Göttin der Reinheit, plätschert dort im Übrigen nicht

COOLE BAR IM HISTORISCHEN KELLER DES HAMBURGER RATHAUSES

sinnlos daher. Als eine Art Klimaanlage kühlt er die warme Luft aus dem Rathaus ab – sinnvoll bei heißen Debatten. Ein Eyecatcher im Inneren des Parlaments ist die zwölf Meter lange Bar. Die Granitplatte wird von illuminiertem Glas getragen. Auf der Getränkekarte stehen alle Klassiker und natürlich mixt Ihnen die freundliche Barcrew auch Ihre Sonderwünsche. Ab 22 Uhr heißt das Motto ›Blue Hour‹. Die Musik wird lauter und der imposante Ort mit Geschichte verwandelt sich zu einem coolen Landeplatz für Nachteulen. Genießen Sie Ihren Cocktail in diesem besonderen Ambiente. Es ist so schön hier, dass Sie gar nicht mehr weiter fliegen wollen.

WWW.HAMBURG.DE/REEPERBAHN/ ///

»In der Nacht ist der Mensch nicht gern alleine, denn die Liebe im hellen Mondenscheine, ist das schönste, Sie wissen was ich meine, einesteils und andrerseits und außerdem«, sang die legendäre Marika Rökk in ›Die Frau meiner Träume‹ bereits 1944. Und weil das auch 70 Jahre später noch gilt, ist die Amüsiermeile immer gut besucht. Flirten, Liebe gegen Bares, Party, aber auch viel Kultur machen die Reeperbahn zu einem Erlebnis.

WIE DIE GEILE MEILE ZU IHREM NAMEN KAM

Reep bezeichnet ein Seil oder Tau. Davon wurde zur Zeit der Segelschiffe jede Menge benötigt. Pro Segler etwa 6.000 Meter. Diese Schiffstaue wurden aus Hanf geschlagen. Aus einzelnen Fasern wurde in mehreren Schritten das Tau gedreht. Für diesen Prozess benötigte man eine 300 Meter lange gerade Bahn. Eine Reeperbahn. Und um eben diese siedelte sich schon vor Jahrhunderten die Zunft der Reepschläger an. Heute hat das horizontale Gewerbe hier seinen Platz. Bordsteinschwalben, Liveshows, Sexshops und Spelunken sind auf der ›sündigsten Meile der Welt‹ zu Hause. Genau das erwartet man, wenn man sich in Hamburg ins Nachtleben stürzt. Die moderne Reeperbahn ist aber auch Adresse für Musicals und Theater. Das TUI Operettenhaus am Spielbudenplatz begeistert Musicalfans. Produktionen wie ›Sister Act‹ sorgen für ein volles Haus. Das St. Pauli Theater, eines der ältesten Deutschlands, inszeniert erfolgreich Stücke und bereichert das Programm mit ausgesuchten Gastspielen. Das Schmidt Theater & Schmidts TIVOLI präsentieren Musicals, Comedy und Theater für jeden Geschmack. Richtig was zu Lachen bietet der Quatsch Comedy Club im legendären Café Keese und die Travestie-Show im Pulverfass Cabaret. Diverse Clubs veranstalten Live-Konzerte. Wer mehr über die Beatles erfahren möchte, kommt im Museum ›Beatlemania‹ auf seine Kosten. Natürlich kann es auch erotischer zugehen. Mögen Sie Dita Von Teese? Im Queen Calavera, der ersten Burlesque Bar Deutschlands, geht es amüsant und sehr sexy zu. Im Dollhouse auf der Großen Freiheit tanzen die Puppen an der Stange, auch männliche.

> **Tipp**
>
> Stärken Sie sich vor dem feucht-fröhlichen Abend in Restaurant Freudenhaus. In **CHARMANTER ATMOSPHÄRE** genießen Sie gutbürgerliche Küche.

DER BEATLES PLATZ AN DER GROSSEN FREIHEIT. HIER STARTETE IHRE WELTKARRIERE.

Schon von Weitem ist das Gebrüll der Marktschreier zu hören. Menschenmassen drängen sich an den Ständen um die schöne Fischauktionshalle von 1896. Bereits seit 1703 wird an dieser Stelle früh am Sonntagmorgen die Ware zu Geld gemacht. Früher in erster Linie Fisch. Wie schon vor über 300 Jahren ist um 9.30 Uhr Schluss. Schließlich sollen die Schäfchen doch pünktlich zum Gottesdienst erscheinen können.

DER FLUG DER AALE

Frühaufsteher machen gerne Schnäppchen auf dem Fischmarkt. Andere Besucher waren noch gar nicht im Bett und lassen eine durchfeierte Nacht bei Matjesbrötchen und Filterkaffee ausklingen. Bei Tagesanbruch wird hier viel mehr als Fisch verkauft. Blumen, Klamotten, Brieftauben, Teddys, Tassen mit Hamburgmotiven und noch viel mehr ist im Angebot. Gerade gegen Ende wird die Ware im wahrsten Sinne des Wortes rausgeschmissen. Touristen bleibt vor Staunen der Mund offen stehen, denn was die Marktschreier hier bieten, ist eine echte Comedy-Verkaufsshow und nicht selten wird ein Zuschauer direkt

Tipp

Nach Marktende ist in der Fischauktionshalle noch lange nicht Schluss. Genießen Sie Ihr Frühstück bei **LIVE-MUSIK**.

mit ins Programm eingebaut. Sehr zum Spaß der anderen. »Ananas ist dabei, hier Trauben sind dabei, Mango, Äpfel, zehn Euro alles!«, schreit der Obsthändler in den frühen Morgen und packt die Früchte in einen Korb. Bevor jemand zuschlagen kann, schmeißt er noch ein paar Bananen drauf. »Und 'ne Kiste Pflaumen! Mann, du überlegst aber auch, als ob du 'nen Haus kaufst!« Voll beladen verlassen die ersten Besucher den Markt. Manche schleppen eine mannshohe Yuccapalme, andere bringen die neuen Hühner in den Stall. Beim Fischhändler um die Ecke gilt derselbe Kurs. »Zehn Euro alles! Zwei Kilo Fisch. Seelachs ist dabei, Doradenfilets, ich hau noch Kabeljau drauf.«

FRÜHNEBEL ÜBER DEM HAMBURGER FISCHMARKT AN DER ELBE

Der Händler nebenan beteuert sogar, dass seine Fische so frisch wären, dass sie fast noch leben würde. Er behauptet allerdings auch, der Bruder von Adriano Celentano zu sein. Aale-Dieter ist bereits eine lokale Berühmtheit. Aber Vorsicht! Bei Dieter lernen die Aale das fliegen. Immer schön den Kopp einziehen!

**HOTEL ATLANTIC /// AN DER ALSTER 72 – 79 /// 20099 HAMBURG ///
0 40 / 2 88 80 /// WWW.KEMPINSKI.COM/DE/HAMBURG ///**

Im Mai 1909 wurde das weiße Prachthotel an der Außenalster eröffnet. Die Reederei Hapag brachte Passagiere vor ihrer Reise über den Atlantik in dem Grandhotel unter. Im Luxus schwelgend warteten diese auf den Antritt ihrer Überfahrt in die Neue Welt. Im schönen Innenhof wurde schon damals gern ein Gläschen getrunken. Und auch nach über 100 Jahren ist das Atrium einen Besuch wert.

COCKTAILS FÜR KÖNIGE, LEGENDEN, PROMIS UND ROCKER

Jetzt strahlt es wieder, das legendäre Hotel Atlantic. Die Renovierungsarbeiten sind abgeschlossen und das berühmte Haus ist technisch auf dem neuesten Stand ohne sich optisch verraten zu haben. Das Hotel musste dringend modernisiert werden. Es gab Kritik. Der Zahn der Zeit hatte am Interieur genagt. Der Teppich war abgelaufen und in den Zimmern hingen keine modernen Flatscreens. Die Sterne wurden aberkannt und Direktor und Küchenchef schmissen das Handtuch. Das Hotel hat

> Probieren Sie den **COCKTAIL DES HAUSES**. Der Champagnercocktail Atlantic Dream im kühlen Blau schmeckt köstlich.
>
> **Tipp**

zwei Weltkriege überlebt und sich von der Niederlage nicht verunsichern lassen. Es wurde in die Hände gespuckt und die historische Herberge wieder zu dem gemacht, was sie einst war – ein Grandhotel für besondere Gäste. Die Gästeliste ist beeindruckend. Der König von Siam, der Kaiser von Japan und der Schah von Persien sind nur einige der gekrönten Häupter, die eben dieses zur Nacht auf das Kopfkissen legten. Auch internationale Stars wie Josephine Baker, Maria Callas, Alfred Hitchcock, Michel Jackson, David Copperfield, Madonna und etliche Berühmtheiten mehr waren zu Gast. Panikrocker Udo Lindenberg wohnt sogar

I DAS SCHÖNE ATRIUM

hier. Man muss aber kein Hotelgast sein, um die Atlantic Bar und das Atrium zu besuchen. Der weiße säulengerahmte Innenhof ist eine Oase der Ruhe inmitten der quirligen Stadt. Der Springbrunnen plätschert vor sich hin wie eh und je. Ein herrlicher Platz, den High Tea zu zelebrieren. Erst seit 1989 gibt es die Art déco Bar Atlantic im damaligen Wintergarten. So lassen sich die Cocktailkreationen von Barchef Enrico Wilhelm und seinem Team auch bei kälteren Temperaturen genießen. Ob Udo Lindenberg an der Bar Nachschub holt, wenn ihm beim Malen seiner ›Likörelle‹ die ›Farben‹ ausgehen, weiß ich leider nicht.

DOCKLAND /// VAN-DER-SMISSEN-STRASSE /// 22767 HAMBURG ///
WWW.DOCKLAND-HAMBURG.DE ///

Dockland ist ein im Jahre 2005 fertiggestelltes Bürogebäude. Allerdings ein ganz besonderes. Es hat zwar die Form einer Lakritzleckerei ihrer Kindheit, aber das Parallelogramm symbolisiert viel mehr. Das Tor zur Welt. Damals, heute und in der Zukunft werden Schiffe den Hamburger Hafen ansteuern. Auf dem Dach des Docklandgebäudes haben Sie die Möglichkeit, sich wie ein Kapitän auf der Brücke zu fühlen.

»ICH BIN DER KÖNIG DER WELT!«

Und Sie plötzlich Leonardo DiCaprio? Dann strecken Sie die Arme aus und machen Ihrer Kate doch ein Liebesgeständnis. Der Platz ist perfekt, wenn Sie auf der Aussichtsplattform des Dockland stehen und die Elbe hinunterblicken. Sie müssen Ihren Schatz nur noch in den Arm nehmen. Dass Sie nicht auf einem Schiff sind, sondern auf einem der modernsten Bürogebäude der Stadt stehen, lässt sich auch mit wenig Fantasie schnell vergessen. Vorher müssen Sie natürlich etwa 140 Stufen nach oben steigen. Für dieses ungewöhnliche Gebäude aus Glas und Stahl wurde extra eine Landzunge aufgeschüttet. Auf sechs Ebenen befinden sich auf 6.000 Quadratmetern Büros. Der Bug des vermeintlichen Containerfrachters aus der Zukunft ragt 40 Meter über die Elbe. Bei einem so spektakulären Blick muss man seinen Job sehr mögen, um nicht den ganzen Tag von den vorbeifahrenden Schiffen und Luxuslinern abgelenkt zu werden. Die Aussichtsplattform ist ein Geschenk. Sie steigen einem Bürokomplex aufs Dach, bekommen keinen Ärger und wenn Sie oben angekommen sind, blicken Sie die Elbe abwärts oder aufwärts. Der Hafen, die Köhlbrandbrücke, einfach nur Hamburg pur. Und wenn Ihre Kate auf Ihr Liebesgeständnis nicht reagiert, liegt das sicher nur an der atemberaubenden Aussicht. Fragen Sie einfach noch mal. Sie haben genug Zeit. Anders als die Titanic ist das Dockland unsinkbar.

> ›Schöner Wohnen‹ war gestern. Hier sehen Sie **ARBEITSPLÄTZE DER EXTRAKLASSE** und von der Aussichtsplattform den Hamburger Hafen und mehr. Kostet nix und ist atemberaubend schön.

Tipp

FUTURISTISCH – KEIN LUXUSSCHIFF, SONDERN EIN BÜROGEBÄUDE

In der 20up Skybar haben Sie bereits vor dem Genuss köstlicher Cocktails das Gefühl zu schweben. Das soll natürlich nicht heißen, dass Sie sich die Drinks auch sparen können. Genießen Sie beides. Den sensationellen Ausblick und die Cocktailkreationen, die Barmanager Sladjana Senic und ihr Team für Sie zaubern.

DEM HIMMEL SO NAH

Seit dem Jahr 1863 wurde auf dem Gelände an der Bernhard-Nocht-Straße Bier gebraut. Dort wo zuletzt die riesigen Kupferkessel der Bavaria Brauerei standen, ist das Empire Riverside Hotel 90 Meter hoch in den Himmel gewachsen. Im November 2007 wurde der imposante Bau an der Elbe im Herzen St. Paulis eröffnet. In den 327 Zimmern sorgen die bodentiefen Fenster für eine kurze Nacht, weil der Ausblick

> **Tipp**
>
> Die Herren sollten unbedingt auf die Toilette gehen. Mir wurde berichtet, dass Mann nicht **SPEKTAKULÄRER PINKELN** kann.

schöner ist als jeder Traum. Stararchitekt David Chipperfield und seinen Blick für das Wesentliche müssen Sie verantwortlich machen, wenn Sie sich am nächsten Morgen mit kleinen Augen im Spiegel identifizieren. Zum Glück darf sich jeder an dem großartigen Blick sattsehen – in der 20up Skybar im 20. Stockwerk. Die Panoramascheiben reichen vom Boden aus sieben Meter nach oben und schenken Ihnen einen Blick in drei Richtungen über Hamburg und darüber hinaus. Entscheiden Sie sich, wo Sie Platz nehmen wollen. Möchten Sie den Sonnenuntergang über dem Fluss erleben? Gönnen Sie sich dazu einen ›Red River Elbe‹. Oder wollen Sie Ihren Blick lieber elbaufwärts über die Landungsbrücken, Kirchtürme und Schiffe schweifen lassen? Bestellen Sie einen ›Marco Polo‹ und machen Sie anschließend die Reeperbahn zu Ihrer persönlichen Seidenstraße. Sie können auch in der Mitte bleiben und den schönsten Blick genießen. Schauen Sie über den Containerhafen auf der anderen Elbseite. Die Jungs schuften da unten hart. Als ganzer Kerl sollten Sie sich einen ›St. Pauli Killer‹ hinter die Binde kippen. An

| DIE AUSSICHT IST PHÄNOMENAL.

Wochenenden ist es allerdings so voll, dass Sie kaum zu den begehrten Plätzen vordringen können. Kommen Sie unter der Woche. Am frühen Abend genießen Sie Ihren Sundowner entspannt.

sankt pauli museum

Aus Geschichten wird Geschichte

OPEN

20-5h
Garagenzufahrt frei

SANKT PAULI MUSEUM E. V. /// DAVIDSTRASSE 17 /// 20359 HAMBURG ///
0 40 / 4 39 20 80 /// WWW.ST-PAULI-MUSEUM.COM ///

»Wer noch niemals in lauschiger Nacht einen Reeperbahnbummel gemacht, ist ein armer Wicht, denn er kennt dich nicht, mein St. Pauli, St. Pauli bei Nacht«, singt Hans Albers im Spielfilm ›Auf der Reeperbahn nachts um halb eins‹ von 1954. Der Song entstand bereits in den 1920er-Jahren. Die Geschichte des berüchtigtsten Stadtteils Deutschlands beginnt viel früher. Seit Oktober 2010 können Sie sich diese im Sankt Pauli Museum erzählen lassen.

SEX, DRUGS AND ROCK'N'ROLL UND WIE ALLES BEGANN

Es war ein langer und von Rückschlägen geprägter Weg, doch jetzt hat das Sankt Pauli Museum eine feste Bleibe gefunden. Auf rund 160 Quadratmetern kann man eine Reise durch die Jahrhunderte machen und erfahren, wie aus dem einstigen Vorort das weltbekannte Viertel wurde. ›Aus Geschichten wird Geschichte‹ nennt sich die kleine, aber feine Ausstellung. Es ist kaum zu glauben, aber ausgerechnet Nonnen waren die ersten Bewohner des heutigen St. Pauli. In der Nähe des heutigen Fischmarkts am Hamburger Berg stand 1247 ein Zisterzienserinnen-Kloster. Berg? Nonnen? Es ist viel passiert in den Jahrhunderten. Das Museum wird die Lücken schließen. Der Berg wurde abgetragen und als Baumaterial für die Befestigungsanlagen benutzt. Als der Wall die Innenstadt sicherte, blieb dieser Teil Hamburgs außen vor. Der Zugang durch das Millerntor war an feste Schließzeiten gebunden. Wer zu spät kam, musste draußen bleiben. Der Begriff ›Torschlusspanik‹ entstammt dieser Zeit. Am 18. Juni 1816 machte das erste Dampfschiff an den Landungsbrücken fest. Der Hafen wuchs und immer mehr Matrosen suchten beim Landgang ein bisschen Weiblichkeit. Der Anfang des Amüsierviertels. Das Museum beschreibt den schweren Weg unter der französischen Besatzung, die heißen Zeiten im legendären Alkazar und die schweren Zeiten im Dritten Reich und im Zweiten Weltkrieg. Doch auch die Beatles, die hier ihre ersten Erfolge feierten, Kiezgrößen und Pauli-Prominenz haben hier ihren Platz. Hinter einem Vorhang gibt es eine Filmvorführung der bizarren Art: 18 Jahre müssen Sie dafür schon sein!

> **Tipp**
>
> Am Wochenende hat das Museum **BIS 23.00 UHR GEÖFFNET**. Nehmen Sie sich vor Ihrem Reeperbahnbummel ein Stündchen Zeit und lernen Sie das Viertel besser kennen.

FAST GEGENÜBER DER BERÜHMTESTEN POLIZEIWACHE DEUTSCHLANDS HAT DAS MUSEUM ENDLICH EINE BLEIBE GEFUNDEN.

Was ist Kunst? In der Kunsthalle und der Galerie der Gegenwart können Sie sich Ihr eigenes Bild machen. Kunstbegeisterte erfreuen sich an einer großartigen Auswahl an Werken verschiedener Epochen. Für Einsteiger ist es ein angenehmes Vergnügen durch die Räume zu wandeln, Bilder und Installationen zu betrachten und einen Überblick über das zu bekommen, was sich schlicht Kunst nennt.

KUNST IM WANDEL DER ZEIT

»Guck mal, Mami, alles unscharf!« Stimmt. ›Unscharf. Nach Gerhard Richter‹ heißt die aktuelle Ausstellung in der Kunsthalle. Während sich meine kleine Tochter amüsiert, erfahre ich, dass sich unscharfe Bilder tatsächlich besser einprägen, weil das Gehirn mehr Arbeit hat, diese zu speichern. Richter gehört zu den erfolgreichsten Künstlern unserer Zeit. Neben seinen Werken sind die 23 anderer Künstler zu sehen, die sich ebenfalls mit dem Thema Unschärfe auseinandersetzten. Die im Jahr 1869 eröffnete Kunsthalle zeigt regelmäßig wechselnde Ausstellungen. Das Haus selbst verfügt über einen beeindruckenden Bestand. Die Sammlung der Alten

Noch mehr **LUST AUF KUNST**? In den Deichtorhallen sehen Sie internationale Fotografie, im Bucerius Kunst Forum großartige Ausstellungen.

Tipp

Meister zeigt unter anderem norddeutsche Kunst um 1400 und holländische Malerei des 17. Jahrhunderts. In der Galerie des 19. Jahrhunderts finden Sie Künstler der Romantik wie Philipp Otto Runge und Caspar David Friedrich. Auch große französische Maler wie Paul Cézanne, Paul Gauguin, Claude Monet und Toulouse-Lautrec sind dort zu betrachten. In der Abteilung für klassische Moderne sehen Sie unter anderem Werke von Pablo Picasso und den Redakteuren des Blauen Reiter

DIE MODERNE GALERIE DER GEGENWART UND DIE HAMBURGER KUNSTHALLE

Wassily Kandinsky und Franz Marc. In der 1997 fertig gestellten Galerie der Gegenwart wird Kunst ab den 1960er-Jahren gezeigt. Neben Malerei und Fotografie auch Videokunst und faszinierende Installationen. Viel Kunst für ein Ticket. Nehmen Sie sich Zeit. Arbeiten Sie sich in aller Ruhe durch die Ausstellung. Wenn Ihnen der Sinn nach einer Pause steht, kehren Sie ins wunderschöne Café Liebermann ein. Stärken Sie sich zwischen mächtigen Säulen und viel Stuck, bevor Sie anschließend die nächste Epoche bestaunen.

2,2 Quadratkilometer nagelneuer Stadtteil direkt an der Innen-stadt, der historischen Speicherstadt und der Elbe. Ungewöhn-lich. Normalerweise wachsen Städte vom Zentrum nach außen wie ein Rotweinfleck auf der weißen Couch. Wo kommt denn der Platz plötzlich her? Das frühere Hafengebiet war schlicht zu klein um den Sprung in die Moderne mitzumachen. Heute wird aus dem vergessenen Gelände der modernste Stadtteil der Hansestadt.

DIE GRÖSSTE INNERSTÄDTISCHE BAUSTELLE EUROPAS

1866 wurde der Sandtorhafen als erster von mehreren auf dem Gelände fertiggestellt. Das moderne Hafenbecken erleichterte die Arbeit. Schiffe konnten direkt an der Kaimauer gelöscht werden. Gut hundert Jahre später brach die Ära der Container an. Während der Hafen auf der an-deren Elbseite zu einem der größ-ten Europas ausgebaut wurde, ver-sank das Gelände um den Großen Grasbrook in Bedeutungslosigkeit, vorübergehend. Am 20. Juni 2001 feierte die Stadt mit dem ersten Spatenstich den Start eines spek-takulären Bauprojekts. Wie Pilze

Tipp

Im InfoCenter im Kesselhaus er-fahren Sie alles über die Entwick-lung der HafenCity. Bestaunen Sie den Stadtteil auch vom 13 Meter hohen Aussichtsturm ›VIEWPOINT‹.

wuchsen die Gebäude. Zehn Jahre später ist vieles fertig und beein-druckt mit modernster Architektur. Eine Mischung aus Bürogebäuden und Wohnungen direkt am Wasser. Erst in etwa 15 Jahren wird der Bau der HafenCity abgeschlossen sein. Am neuen Cruise Terminal werden bereits Passagiere aus der ganzen Welt begrüßt. Besuche der Queen Mary 2 locken regelmäßig Tausende Schaulustige an. An den Magellan-Terrassen genießen viele bei schönem Wetter ihre Mittagpause und den Blick auf die wachsende Elbphilharmonie. Hier steht auch ein Pavillon,

WOHNEN UND ARBEITEN AM SANDTORHAFEN VON HEUTE

der über das Konzerthaus informiert und an 20 Hörmuscheln sogar einen akusti-schen Eindruck bietet. Der Marco-Polo-Tower beeindruckt nicht nur mit seiner ungewöhnlichen Architektur, sondern auch mit den Wohnungspreisen. Es sind die höchsten Deutsch-lands. Für die Penthousewohnung muss man knapp 8 Millionen Euro locker machen. Bevor Sie jetzt Ihre Ersparnisse zusammenzählen, ein Käufer ist angeblich bereits gefunden.

ELBPHILHARMONIE /// AM KAISERKAI /// 20457 HAMBURG ///
0 40 / 3 80 88 00 /// WWW.ELBPHILHARMONIE.DE ///
WWW.ELBPHILHARMONIE-BAU.DE ///

Hamburg leistet sich ein Konzerthaus der Superlative. Imposanter als das Opera House in Sydney wird sie werden, die Elbphilharmonie. Noch befindet sie sich im Bau. Mit jedem Stockwerk, das der futuristische Palast in den Himmel wächst, wachsen auch die Kosten munter weiter. Etwa 100 Millionen Euro waren ursprünglich eingeplant. Über 300 Millionen wurden bereits ausgegeben und fertig ist das Projekt noch lange nicht.

BESICHTIGUNG EINER EXTRAORDINÄREN BAUSTELLE

Mit 19 weiteren Besuchern stehe ich mit Helm und Gummistiefeln auf der Baustelle der Extraklasse. Viele Hamburger sind dabei. Kein Wunder. Die zukünftige Elbphilharmonie schluckt Steuergelder im dreistelligen Millionenbereich. Da hat man als Bürger der Stadt schon das Gefühl, dass man Miteigentümer ist und mal den Stand der Dinge kontrollieren sollte. Gebaut wird der

Buchen Sie Ihren **BAUSTELLEN-BESUCH** frühzeitig über das Internet!

Tipp

Prachtbau auf dem alten Kaispeicher, der von 1.111 Pfählen gestützt wird. Um die zusätzliche Last tragen zu können wurden weitere 620 Pfähle in den Boden getrieben. Das Gebäude wird 120.000 Quadratmeter haben. Diese Zahl muss man erst mal begreifen. Rechnen wir 100 Quadratmeter Wohnfläche für eine Durchschnittsfamilie, hätten hier 1.200 Familien Platz. Viele Dörfer verbuchen weniger Einwohner. Es wird tatsächlich auch Wohnungen geben. 45 sind geplant und die Durchschnittsfamilie wird sich mit Sicherheit keine leisten können. Im neuen Hotel können sich die Gäste im Wellnessbereich verwöhnen lassen. Für alle zugänglich wird die beeindruckende Plaza in 37 Metern Höhe sein. Eine spektakuläre 82 Meter lange Rolltreppe wird zur Aussichtsplattform führen. Sinn

SEHR TEUER, ABER BEREITS JETZT SEHR EINDRUCKSVOLL

und Zweck des Baus ist aber die Musik. Drei Konzertsäle werden eingerichtet. Das Herz wird der große Saal. Ohne direkten Bodenkontakt hängt er frei zwischen dem 12. und dem 17. Stockwerk. Keine Schwingungen und kein Hafenlärm werden das perfekte Klangerlebnis stören. Was wir an diesem Sonntagnachmittag zu sehen bekommen, ist so beeindruckend, dass wir Laiengutachter alle zum selben Schluss kommen: Egal wie teuer die Elbphilharmonie am Ende werden wird, sie ist jeden Euro wert. Wir Hamburger dürfen einfach stolz sein, der Welt ein so außergewöhnliches Bauwerk präsentieren zu können.

BALLINSTADT – DAS AUSWANDERERMUSEUM /// **VEDDELER BOGEN 2** ///
20539 HAMBURG /// **0 40 / 31 97 91 60** /// **WWW.BALLINSTADT.DE** ///

Ich höre mir die Gründe der anderen Auswanderer an. Politisch Verfolgte, Menschen, die ihre Religion nicht leben dürfen, und andere, die nichts mehr haben außer einem Funken Hoffnung. Jetzt muss ich meinen Ausweis vorzeigen und entscheiden, wer ich bin. Ich werde auswandern! Eine Zeitreise erklärt mir die Gründe und Schwierigkeiten der Menschen, die durch das Tor zur Welt zu neuen Ufern aufgebrochen sind. Am Ende des Museumsbesuchs werde ich erfahren, ob ich es geschafft hätte. Amerika!

ZURÜCK IN DIE DAMALIGE ZUKUNFT!

2010 sind rund 235.000 Passagiere in Hamburg von Bord eines Luxusliners gegangen. Rekord! Über hundert Kreuzfahrtschiffe werden auch für das Jahr 2011 erwartet. Die Welt kommt in die Hansestadt und ist begeistert. In den Jahren von 1850 bis 1939 war die Liste der Passagiere weit länger, die Schiffe weniger luxuriös und Hamburg nicht Ziel, sondern Ausgangspunkt einer Reise ins Ungewisse. Über fünf Millionen Auswanderer aus ganz Europa bestiegen in diesen Jahren einen Dampfer. Im Gepäck nicht viel mehr als die Hoffnung auf ein besseres Leben. Die Reederei HAPAG übertrug Albert Ballin 1886 die Verantwortung für das Geschäft. Mit Ballins Kontakten war es möglich, den Hamburger Hafen zum größten Auswanderungshafen Deutschlands auszubauen. Da die HAPAG die Passagiere, deren Einreise nach Amerika abgelehnt wurde, auf eigene Kosten zurückbringen musste, wurden Auswandererbaracken errichtet. Erst nach 14-tägiger Quarantäne und erfolgreichem Gesundheitscheck ging es für die Menschen aufs Schiff. 1901 wurden die Unterkünfte vom Amerikakai auf die Elbinsel Veddel verlegt. Die neuen Auswanderungshallen mit eigenem Eisenbahnanschluss boten 1.200 Menschen vor den Toren der Stadt Platz. An der gleichen Stelle gibt es seit 2007 das Museum BallinStadt – Port of Dreams. Sie sehen sich die Ausstellungsstücke nicht nur an, das virtuelle Spiel Simmigrant lässt Sie Ihre eigene Auswanderung erleben. An verschiedenen Stationen starten Sie und Ihre neue Identität in die Neue Welt und werden mit den damaligen Nöten konfrontiert. Am Ende der Ausstellung sind Sie hoffentlich sicher in Amerika angekommen.

Tipp

Wenn Sie nach ein paar Stunden ›Auswandern‹ hungrig sind, können Sie sich im Museumsbistro stärken. Suchen Sie ausgewanderte Familienmitglieder? Im **FAMILIENFORSCHUNGSZENTRUM** können Sie vor Ort auf die Suche gehen.

IN DREI REKONSTRUIERTEN GEBÄUDEN BEFINDET SICH DIE AUSSTELLUNG.

PLANETARIUM /// HINDENBURGSTRASSE 1B /// 22303 HAMBURG ///
0 40 / 42 88 65 20 /// WWW.PLANETARIUM-HAMBURG.DE ///

Sind wir ganz allein im Kosmos oder existieren doch Formen außerirdischen Lebens? Diese Frage kann nicht einmal hier beantwortet werden. Sicher ist, dass erst Wasser Leben auf einem Planeten möglich macht. Dem nassen Element verdankt auch das Planetarium seinen Standort. Es befindet sich in einem Wasserturm. Seit 1930 wird hier in die Sterne geschaut. Heute schickt das erste ›Rundum-3D-Theater‹ Europas Sie auf einen ganz besonderen Trip.

WEISST DU, WIE VIEL STERNE STEHEN?

Die genaue Anzahl der Himmelskörper kenne ich nach meinem Besuch im Planetarium nicht, aber ich weiß die Anzahl der Planeten die um die Sonne kreisen. Es sind genau achteinhalb. Auf der großen Tour durchs Sonnensystem lerne ich auch warum. Pluto wurde nach 75 Jahren degradiert. 2006 entzog man ihm die Lizenz als Planet und verlieh ihm die Bezeichnung Zwergplanet. Auch wie unser Sonnensystem aufgestellt ist, warum das Wetter auf der Venus zu wünschen übrig lässt und wie der Saturn zu seinen Ringen kommt, erfahre ich hier so realistisch, als ob ich in einem Spaceshuttle unterwegs bin. In zauberhaften Produktionen wird schon bei den Kleinsten das Bewusstsein für einen besseren Umgang mit dem blauen Planeten geschärft. Konzerte, Lesungen und Vorträge finden regelmäßig statt. Lasershows unter dem Sternenhimmel faszinieren zu den fantastischen Klängen von DJs und Musikern. Ein einzigartiges Erlebnis ist der Film ›Rätsel des Lebens – Darwins große Reise‹. Anders als im Kino bin ich wirklich mitten im Geschehen. Kein anderes Planetarium in Europa präsentiert Filme in ›Fulldome 3D‹. Die komplette Kuppel mit 21 Metern Durchmesser ist Projektionsfläche. Um das gesamte Geschehen zu verfolgen, muss ich meinen Kopf drehen. Ich treibe unter Wasser, schwimme inmitten der Fische, ich tauche auf und fliege bis ins Arbeitszimmer von Charles Darwin. Und der nimmt mich mit auf einen spannenden Trip. Wir sind an Bord der Beagle, erreichen ferne Länder und begegnen den Riesenschildkröten und Echsen auf den Galápagosinseln. Reisen Sie mit, Sie werden staunen!

> **Tipp**
>
> Nicht aus dem All, sondern von der **40 METER HOHEN AUSSICHTS-PLATTFORM** haben Sie einen tollen Blick über den Stadtpark bis zum Hafen.

DIESER PROJEKTOR, DIE ›HIMMELS-MASCHINE‹ ZEISS UNIVERSUM 9 BRINGT SIE INS ALL.

Nach einem verheerenden Angriff der Schweden im Jahr 1658 veranlasste der dänische König den Bau einer Festungsanlage auf der Sanddüne vor Hetlingen. Weitere Angriffe der Schweden blieben fortan erfolglos. Schweden? Dänen? Und was das mit Hamburg zu tun hat? Die Schweden saßen damals auf der anderen Elbseite, das Königreich Dänemark reichte bis Altona. Heute ist hier alles friedlich und wenn man an der Hetlinger Schanze spazieren geht, kann man kaum glauben, dass das mal anders war.

ELBABWÄRTS – KRIEG UND FRIEDEN

Etwa 35 Kilometer elbabwärts der Hansestadt liegt die Hetlinger Schanze. Von der damaligen Festungsanlage ist heute nichts mehr zu sehen. Sie wurde bereits 1768 überflüssig und zum Teil abgerissen. Der schöne Strand inmitten eines Naturschutzgebiets ist einfach nur friedlich. Etwas fehl am Platz wirken die zwei riesigen Strommasten. Aber sie sind selbst eine Attraktion. Mit ihren 227 Metern waren sie lange die höchsten der Welt und sind heute noch die höchsten Europas. Schafe, Strandhafer, feiner weißer Sand und keine Action. Es gibt keine Gastronomie. Zum Glück, denn hier ist der perfekte Platz für ein Picknick. Die ›Haseldorfer Binnenelbe mit Elbvorland‹ ist das größte zusammenhängende Naturschutzgebiet Schleswig-Holsteins im Binnenland. Ein Eldorado für Naturfreunde. Die stark gefährdete Schachblume, die auch das Gemeindewappen ziert, gedeiht hier. Hunderte Graureiher und Kormorane brüten in diesem Gebiet. An der Hetlinger Schanze endet auch der etwa sechs Kilometer lange Planetenlehrpfad, der beim Yachthafen in Wedel beginnt und einem Größe und Abstand der Himmelskörper vermittelt. Ein Ausflug zur Hetlinger Schanze ist bei jedem Wetter ein Erlebnis. Im Sommer liegen Sie im feinen weißen Sand, lassen sich die Sonne ins Gesicht scheinen und fühlen sich wie in der Karibik. Im Herbst lassen sie sich durchpusten und in kalten Wintern klettern Sie über die Eisblöcke, die sich am Strand türmen. Schiffe kommen immer vorbei und der Sonnenuntergang kann auch auf Capri nicht schöner sein.

> **Tipp**
>
> Nördlich der Hetlinger Schanze steht ein 11,5 Meter hoher Beobachtungsturm für Naturfreunde. Beobachten Sie mit Glück **WANDERFALKEN UND SEEADLER**.

> NATUR PUR. DIE ZWEI HÖCHSTEN STROMMASTEN EUROPAS STÖREN DA WENIG.

TREPPENVIERTEL /// ZWISCHEN AM KIEKEBERG UND STRANDWEG /// 22587 HAMBURG ///

Der Himmel ist blau und die weißen Häuser reflektieren das helle Licht der Sonne. Die Wellen glitzern und es riecht nach Lavendel. Die unzähligen Stufen der vielen Treppen führen an malerischen Behausungen und kleinen Gärten vorbei. Unten angekommen locken der feine Sandstrand und ein Glas Wein. Ibiza? Santorin? Nein, hier geht es nicht um Urlaubserinnerungen. Das ist Hamburgs Stadtteil Blankenese.

VOM FISCHERDÖRFCHEN ZUM AUSFLUGSZIEL

Zwischen den Straßen Am Kiekeberg und Strandweg liegt das Treppenviertel. Die Hangbebauung mit den überwiegend weißen Häusern bietet ein zauberhaftes Bild. Über 50 kleine Gassen und Wege gilt es zu entdecken. Um die 5.000 Stufen machen den Spaziergang zur Kletterpartie. Erholen lässt es sich wunderbar am breiten Elbstrand. In zahlreichen Restaurants wird nicht nur frischer Fisch angeboten. An einem schönen Sommertag überkommt einen tatsächlich das wunderbare Gefühl, auf einer mediterranen Insel zu sein.

> Parken ist Glückssache. Lassen Sie sich lieber von einer **BERGZIEGE** ins Treppenviertel bringen. So werden die kleinen Busse der Linie 48 genannt.
>
> **Tipp**

Ein Ausflug lohnt sich aber bei jedem Wetter. Wen wundert es, dass Kapitäne und Lotsen hier gern ihren Lebensabend verbringen. Die Hanglage bietet den freien Blick auf die Elbe und die Schiffe. Nur ein paar Treppchen weiter ein Berufskollege, mit dem man über die alten Zeiten auf See reden kann. Nicht erst seit Kurzem ließen sich die Menschen hier nieder. Bereits im Jahr 1301 wurde das Fischerdörfchen Blankenese urkundlich erwähnt. Die Blanke Nase, eine Landzunge, die dem Ort seinen Namen gab, wurde bei einer Sturmflut im Jahre 1634 weggespült. Im Laufe der Zeit entwickelte sich das Dorf Blankenese zu einem Nobelvorort.

AUCH PROMINENTE UND KÜNSTLER FÜHLEN SICH HIER WOHL.

Seinen Lebensabend kann man im Treppenviertel nur noch genießen, wenn man sehr gute Kontakte und das nötige Kleingeld hat oder selbst eines der Häuser besitzt. Gut zu Fuß sollte man zudem sein. Die Treppen sind schon dann nicht ohne, wenn man sich eigentlich für jung und fit hält. Aber die Kletterei lohnt sich. Alle paar Minuten werden Sie ein neues Lieblingshäuschen entdecken.

JENISCHHAUS /// BARON-VOGHT-STRASSE 50 ///
22609 HAMBURG /// 0 40 / 81 97 99 37 ///
WWW.ALTONAERMUSEUM.DE/JENISCH_HAUS.HTML ///

Natürlich gucken Sie keine Romanverfilmung von Rosamunde Pilcher. Und wenn, dann nur wegen der schönen Häuser und Schlösschen. Na, dann sollten Sie mal eine ganz besondere Villa mit Park und Elbblick besuchen. Im Jenischhaus dürfen sie zwar nichts anfassen, aber Sie dürfen durch die Räume schlendern und sich überlegen, ob Sie im Traum einziehen wollen und welches der Zimmer Sie zu Ihrem machen. Der Tee wird Ihnen auch gebracht, im hauseigenen Café. Den müssen Sie allerdings bezahlen.

MEINE VILLA, MEIN PARK, MEINE RECHNUNG

Der vermögende Martin Johann Jenisch kaufte das großzügige Grundstück in Klein-Flottbek im Jahre 1828. In den Jahren 1831 bis 1834 ließ er sich seinen klassizistischen Landsitz erbauen. Die Entwürfe stammten von Franz Gustav Forsmann und Karl Friedrich Schinkel. Genutzt wurde das Haus als Sommerresidenz, doch mit einem Ferienhäuschen ist es nicht zu verwechseln. Die heute zum Altonaer Museum gehörende Villa hat allein 2.000 Quadratmeter Ausstellungsfläche.

Der Park ist seit 1939 öffentlich zugänglich, aber das hat sich scheinbar noch nicht herumgesprochen. Im Jenischpark können

> **Tipp**
>
> Auch das Ernst-Barlach-Haus befindet sich im Park. Unter anderem werden **KOSTBARE HOLZSKULPTUREN** des expressionistischen Bildhauers gezeigt. www.barlach-haus.de

Sie Ihren Spaziergang genießen und den wunderbaren alten Baumbestand bewundern, auch eine 500 Jahre alte Eiche. Der heutige Park hat 42 Hektar, das sind 420.000 Quadratmeter oder etwa 10 Fußballfelder. Noch beeindruckender ist der Elbblick, besser gesagt Elbüberblick. Das Erdgeschoss und der erste Stock des Herrenhauses sind im Barock- und Biedermeierstil eingerichtet und bieten einen Einblick in das damalige Leben des Großbürgertums. Im zweiten Stock, ehemals Unterkunft der Bediensteten, werden heute wechselnde Ausstellungen gezeigt. Das Museumscafé befindet

GEHOBENE WOHNKULTUR AUS DEM FRÜHEN 19. JAHRHUNDERT

sich im Erdgeschoss im ehemaligen Billardzimmer von Senator Jenisch. Betrieben wird es vom Louis C. Jacob, dem feinen 5-Sterne-Hotel unweit an der Elbe. Bei einem Imbiss verabschieden Sie sich dann vernünftigerweise von dem Wunschtraum, so ein Haus zu besitzen, weil allein die Heizkosten nicht zu bezahlen wären.

ALTER SCHWEDE UND ELBSTRAND ///
NÖRDLICHER ELBSTRAND BEI ÖVELGÖNNE ///
AUF DER HÖHE ›HIMMELSLEITER‹ ERREICHBAR ///

Der älteste Zugereiste kommt aus Schweden. Er kam nicht mit dem Flugzeug, sondern wurde vom Inlandeis der Elster-Eiszeit transportiert. Auf das genaue Jahr seiner Ankunft will sich niemand festlegen, aber es war wohl vor 350.000 Jahren. Bis 1999 hatte niemand von seiner Existenz gewusst, denn er schlummerte in der Elbe. TRUDE hat ihn aufgespürt. So hieß der Bohrer, der die vierte Elbtunnelröhre bohrte und da an seine Grenzen stieß.

EIN ALTER TOURIST UND EIN SCHÖNER STRAND

TRUDE, der Bohrer, ist mit 380 Tonnen noch schwerer als der Findling und mittlerweile selbst eine Berühmtheit. Man kann ihn vor dem Museum für Arbeit besuchen. Und der ›Tourist‹? Der liegt natürlich am Strand! Und der Quiddje, so werden Neu-Hamburger genannt, darf auch bleiben. Im Sommer 2000 wurde er von Bürgermeisterin Krista Sager sogar eingebürgert und von Pastor Ernst Arne Detert getauft. ›Alter Schwede‹ heißt er nun und ist mit 217 Tonnen der älteste Großfindling Deutschlands.

> Machen Sie einen **ELBSTRANDTAG**. Mit Picknickkorb, Decke und allem, was dazugehört. Lesen Sie ein gutes Buch und lassen Sie die Seele baumeln.

Tipp

Der Name passt. Er bedeutet ›Donnerlittchen‹, ein Ausdruck des Erstaunens. Und bei Freunden wird er im Sinne von Kumpel und Kamerad benutzt. Die Hamburger mögen ihren skandinavischen Mitbürger, aber vor allem lieben sie diesen Elbstrand. Es ist einfach schön hier, zu jeder Jahreszeit. Im Sommer kann man gefühlte Strandtage erleben, fast mitten in der Großstadt. Mit Decke und Picknickkorb, Grill, Kindern und Hunden. Die Sonne scheint und die Eltern tolerieren die Nackten, die Verliebten die Hunde und die Kinder das Badeverbot. Der Elbwanderweg führt hier vorbei. Vom Stadtzentrum geht es 23 Kilometer am Elbufer entlang bis nach Blankenese.

DAS LEBEN KANN SO LEICHT SEIN NEBEN EINEM DER SCHWERSTEN FINDLINGE DEUTSCHLANDS.

In der Nähe dieses Strandes gibt es Lokale, in denen man erfrischende oder auch wärmende Getränke und mehr findet. Und immer gibt es Schiffe zu gucken. Fähren, Containerfrachter und mit Glück ein Kreuzfahrtschiff. Und wenn die Sonne untergeht und die gewaltigen Hafenkräne in der Ferne in orangefarbenem Licht leuchten, dann könnte man denken, es sei kitschig. Nö, wir Hamburger finden es einfach immer echt schön!

STRANDPERLE /// ÖVELGÖNNE 60 /// 22605 HAMBURG ///
0 40 / 8 80 11 12 /// WWW.STRANDPERLE-HAMBURG.DE ///

Anfang des vergangenen Jahrhunderts hatten die Gäste der Altonaer Milchhalle keine Ahnung, wie sehr sie dem Trend voraus waren. Die Besucher tranken Milch und durften noch in der Elbe baden, doch trotzdem kann man diesen Platz als ersten Beachclub der Hansestadt bezeichnen. Heute gibt es wunderbare Beachclubs in der Stadt, aber nicht am Elbstrand. Die Strandperle und der neue Strandkiosk freuen sich auch im Winter auf unkomplizierte Gäste.

CHILLEN UND SCHIFFE GUCKEN

Die Strandperle befindet sich in Övelgönne. Zwischen den zauberhaften alten Lotsenhäuschen und dem Elbstrand führt ein etwa 1.200 Meter langer Weg. Wer da langspaziert und sich zwangsweise so ein schnuckeliges Häuschen wünscht, auf die Elbe schaut und auf den Hafen, der versteht, wie Övelgönne zu seinem Namen gekommen sein könnte. ›Övel gönnt‹ bedeutet ›übel gegönnt‹. Und manch ein Neider wird unter den Spaziergängern sein. Der Legende nach bezieht sich der Name auf den Ärger der Ottenser auf die Övelgönner, weil diese aufgrund ihrer flussnahen Lage schneller an wertvolles Strandgut herankamen. Heute bekommt jeder früher oder später seinen Kaffee, ein Bierchen, Fischbrötchen und vieles mehr. Die Altonaer Milchhalle wurde nach dem Zweiten Weltkrieg als ›Lührs Gaststätte‹ 1949 wiedereröffnet. 1973 übernahm das Ehepaar Seyfert den Betrieb und nannte ihn ›Strandperle‹. 34 Jahre schmissen sie den Laden. Heute freuen sich die neuen Pächter über eine der schönsten Arbeitsstätten der Stadt direkt am Strand. Willkommen ist jeder, der nicht zu kompliziert ist. Es kommen schon mal Hunde angelaufen, Kinder spielen im Sand und bei viel Betrieb bleibt ein Tischchen auch mal länger unabgeräumt. Wen das stört, der soll wegbleiben. Es gibt genug Begeisterte, die sich nicht nur im Sommer wohlfühlen, sondern auch im Winter. Eingekuschelt in eine bereitliegende Fleecedecke in einem der Liegestühle kann man die Elbe spüren. Es ist an der Strandperle nicht immer so sauber wie in einem Beachclub, denn die Strandperle hat ihren Sand auch nicht liefern lassen.

Tipp

Die Strandperle und der 2010 eröffnete Strandkiosk haben an den Wochenenden **AUCH IM WINTER GEÖFFNET**. Fleecedecken liegen bereit.

KONKURRENZ BELEBT DAS GESCHÄFT.

STRANDPAULI /// HAFENSTRASSE 89 /// 20359 HAMBURG ///
01 78 / 5 20 31 23 /// WWW.STRANDPAULI.DE ///
HCBC UND HAMBURG DEL MAR /// BEI DEN LANDUNGSBRÜCKEN PARKDECK ///
WWW.HAMBURGCITYBEACHCLUB.DE /// WWW.HAMBURG-DEL-MAR.DE ///

Einfach mal ein paar Stunden Strand erleben! Die Füße im warmen Sand, in der Hand einen kalten Drink und die Seele baumeln lassen und nebenbei Schiffe gucken. Mallorca? Ibiza? Nee, das geht auch in der Mittagspause! Gleich mehrere Beachclubs an der Elbe schicken den Gast in den Strandurlaub. Und am Abend ist der Blick auf die Docks und die Stimmung einzigartig! Wer will da noch am Ballermann aus Kübeln saufen?

BEACHCLUBS IN HAMBURG, STADT AM MEER

Hamburg liegt nicht am Meer! Aber es fühlt sich so an, wenn man sich auf einer Liege am Strandpauli an der Hafenstraße ausstreckt. Die Palmen wiegen sich im Wind, die Flip-Flops liegen im warmen Sand und schon fängt der Beachurlaub an. Seit vielen Jahren ist Strandpauli hier zu Hause. Andere Beachclubs haben in den letzten Jahren öfter umziehen müssen, doch nun haben der Hamburger City Beachclub und das Hamburg Del Mar auf dem Parkplatz an den Landungsbrücken 7 eine neue Heimat gefunden und begeistern ihre sonnenhungrigen Gäste. Das Publikum ist gemischt. Am Tage buddeln Kinder im Sand, während die Mamas ihren Latte Macchiato schlürfen. Pärchen und Singles

Tipp

Unter der Woche sind **MITTAGS DIE BESTEN PLÄTZE** noch frei. Am Strandpauli gibt es sogar Parkplätze. Abends bringen U-Bahn und Bus die Feierfreunde an den Strand.

aalen sich in der Sonne und genießen einen freien Tag. Für das leibliche Wohl ist gesorgt. Es gibt Salate, Pizza, Verschiedenes vom Grill und belegte Brötchen. Und am Abend leuchten die Lichter des Hafens orange von der anderen Elbseite. Die Musik wird lauter, Cocktails, Wein und Bier lockern die Stimmung. Wie in einem echten Urlaub kann man die Atmosphäre verliebt zu zweit genießen oder mit seinen Freunden abfeiern. Auch im Norden können die Nächte heiß sein und die Temperaturen

STRAND UND PALMEN AM TOR ZUR WELT. WER WILL DENN DA NOCH WEG?

angenehm warm. Und wie im echten Urlaub ist es kein Problem, neue Leute kennenzulernen, wenn man möchte. Mit Glück fährt noch ein traumhaftes Kreuzfahrtschiff vorbei, um an den Cruise Terminals festzumachen. Ein schöner Anblick. Und ohne jeden Neid freut man sich für die Schiffsreisenden. Endlich seid ihr am Ziel! Und ich bin schon da! Kommt in einen Beachclub und erholt euch von eurer Reise!

DIE AUSSENALSTER /// MITTEN IN HAMBURG ///

Die Alster ist der gefühlte Mittelpunkt der Stadt und eine Attraktion. Die Hamburger lieben jeden Schwan, füttern brav die Enten und verbringen gern Zeit auf dem Wasser. Ob als Segler, Mitglied eines Rudervereins oder im Tretboot. Bei Hamburgern und Touristen gleichermaßen beliebt ist der Alsterspaziergang. Einmal rum. Ob joggend oder mit Muße. Ein Muss!

7.4 KILOMETER CATWALK, SIGHTSEEING UND SPORT

Unzählige Hamburger joggen regelmäßig um die Alster. Und auch manch ein Hollywoodstar zieht sich die Mütze tief in Gesicht, verlässt unerkannt das Luxushotel und freut sich auf die schöne Strecke. Wer nicht rennen will, der geht eben. Ein Alsterspaziergang gehört für viele zum Wochenende wie Eier und Orangensaft zum guten Frühstück. Es gibt viel zu sehen. Alle 500 Meter steht ein Markierungsstein. Beginnen wir am Kilometer 0 im schönen Alsterpark in Harvestehude und gehen wir

> **Tipp**
>
> Ein Jogger braucht etwa 45 Minuten für die Strecke. Der Alsterrundgang kann aber auch ein **KULINARISCHER TAGESAUSFLUG** sein. Schöne Cafés und Restaurants laden zum Verweilen ein.

gegen den Uhrzeigersinn. Werfen Sie auch einen Blick nach rechts. Hier stehen traumhafte Villen: In einer der schönsten ist die Hochschule für Musik und Theater zu Hause. Weiter geht es vorbei am Amerikanischen Konsulat bis zur Kennedybrücke. Genießen Sie den Blick auf die Binnenalster. Am anderen Alsterufer angekommen stehen Sie vor dem weißen Prachtbau des Hotels Atlantic. Direkt am Ufer spazieren Sie bis Kilometer 3,5 am Schwanenwik und zum schönsten Teil des Rundganges. Viel Grün und weniger Verkehr. Niemand muss erklären, warum die Straße

IN KALTEN WINTERN DÜRFEN SIE SOGAR AUF DIE ALSTER.

nun ›Schöne Aussicht‹ heißt. Kurz nach Kilometer 4,5 überqueren sie einen kleinen Kanal, der in den Feenteich mündet. Hier steht das schöne Gästehaus des Senats, und auch die anderen Häuser sind beeindruckend, die Mietpreise im Übrigen auch. Es geht ein Stück am Alsterarm Langer Zug entlang. Der Blick auf das Wasser ist den Bewohnern der feinen Fährhausstraße vorbehalten. Auf der Bellevue freuen Sie sich wieder über freie Sicht. Wie bei einem Tennismatch werden Sie hin und her gucken – die Villen sind ein Traum. Die Krugkoppelbrücke überqueren Sie bei Kilometer 6 und genießen noch einmal das Panorama. Jetzt noch einmal links und Sie befinden sich auf der Zielgeraden.

THE GEORGE /// BARCASTRASSE 3 /// 22087 HAMBURG ///
0 40 / 2 80 03 00 /// WWW.THEGEORGE-HOTEL.DE ///

Mögen Sie Cocktails? Lieben Sie Aussicht? In den warmen Monaten können Sie auf der Dachterrasse des Hotels The George in St. Georg beides haben. Nehmen Sie Platz oder legen Sie sich hin. Die Loungelandschaft bietet alles. Zum Cocktail können Sie sich auch einen kleinen Leckerbissen bestellen. Und im Winter? Da genießen Sie einen Whiskey in bequemen Sofalandschaften in der beeindruckenden Bar im Erdgeschoss. Stilecht und very British.

COCKTAILS ON THE ROOFTOP

Sommer auf dem Balkon ist schön. Eine Sommernacht auf der Dachterrasse des The George ist etwas Besonderes. Die Musik ist angenehm. Ein DJ legt auf. Easy tunes, die einem auch ohne Cocktail eine gewisse Leichtigkeit geben. Ganz oben sind Sie schon. Diese Dachterrasse ist eine ganz besondere Location. Sie überblicken die Außenalster und können den Sonnenuntergang genießen.

Das Licht wird warm und in dem romantischen Orange blitzen noch ein paar weiße Segel auf, bevor die Sonne untergeht. Die Farbe ihres Cocktails können Sie natürlich selbst bestimmen. Und mit Ihrem Drink entspannen Sie sich auf einem bequemen Plätzchen in den Loungemöbeln. Hunger? Bestellen Sie sich doch etwas Leckeres. Im Oktober 2008 eröffnete das Hotel The George, das das Reisemagazin Geo Saison als bestes Design-Hotel Europas rühmte. Und was machen Sie im Winter? ›People say that life is the thing, but I prefer reading.‹ Ein Zitat von Logan Pearsall Smith, das sich das The George auf die Karte geschrieben hat, um auf die schöne Bibliothek aufmerksam zu machen. Genießen Sie den Afternoon Tea dort vor dem Kamin oder in den bequemen Sofalandschaften in der Bar DaCaio im Erdgeschoss. Sie bekommen den Tee Ihrer Wahl und eine Etagere mit allem, was dazugehört. Scones mit Orangenmarmelade, Clotted Cream, Sandwiches, Früchten in Schokolade, Crème brûlée und weitere Köstlichkeiten. Wenn Sie keinen Tee mögen, können Sie sich auch einen Whiskey genehmigen. Die Auswahl ist groß. Über 150 verschiedene Sorten stehen zur Verfügung. Cheers!

Tipp

Da die englische Küche nicht jedermanns Sache ist, kocht Küchechef Renzo Ferrario im Restaurant DaCaio ITALIENISCH VOM FEINSTEN.

GENIESSEN SIE IHREN SUNDOWNER UND DEN SUNSET ÜBER DER AUSSENALSTER.

Es ist zu jeder Jahreszeit schön an der ›Perle‹, wie der Hamburger sagt. Im Sommer bei einem kühlen Bierchen und Bratwurst oder im Winter, bei klirrender Kälte, einem Glühwein oder einem heißen Eintopf. Der Blick auf die Alster und die Silhouette der Innenstadt ist ein Traum. Bus-Touristen staunen und müssen weiter. Die Uhlenhorster bleiben und kommen immer wieder.

TOILETTENHÄUSCHEN MIT AUSSICHT

Vor über zehn Jahren haben René Kurth und Sven Germann aus dem alten Toilettenhäuschen etwas ganz besonderes gemacht. Viel mehr als ein Kiosk, aber zum Glück auch kein richtiges Lokal. Genau diese Mischung lieben die Uhlenhorster, die sich auch bei Wind und Wetter in der Mittagspause mal durchpusten lassen, und das täglich wechselnde Tagesgericht genießen. Ungezwungen und locker geht es zu. »Wir freuen uns natürlich, dass jetzt alles läuft und wir viele unserer Stammgäste schon zehn Jahre kennen«, meint

Tipp

Unter der Woche gibt es täglich ein frisches Tagesgericht für 4,00 Euro. Die Busse der Stadtrundfahrten stoppen hier. Probieren Sie die **FRIKADELLEN**!

Sven. »Aber ganz einfach war es am Anfang nicht«, erinnert sich René. »Heute sind wir sehr zufrieden. Einen Traum hätten wir aber doch noch. Einen Steg. Dann könnten wir die Alsterkapitäne in Tretbooten und Kanus auch bewirten.«

Auch ohne Steg ist die Perle eine Perle. An schönen Sommerabenden trifft man als Uhlenhorster auch seinen Nachbarn oder lernt ganz selbstverständlich neue Leute kennen. Geschäftsführerin Elli sorgt dafür, dass alles läuft und hübsch aussieht. In der Weihnachtszeit leuchtet die Perle heller als der Stern von Bethlehem und zu Ostern werden Hunderte

EIN TREFFPUNKT, DEN HAMBURGER UND TOURISTEN GLEICHERMASSEN GENIESSEN.

von bunten Eiern aufgehängt. Alsterspaziergänger machen hier gerne Rast. Im Sommer nimmt man sein Getränk mit ans Ufer und lässt die Füße im kühlen Alsternass baumeln. Bei schönem Wetter wird auch in den Wintermonaten gegrillt. Bei Schmuddelwetter ist es an einem Heizpilz unter einem Schirm so nett, dass man sich freut, doch vor die Tür gegangen zu sein. Und weil es die Alsterperle noch schöner macht, geht die Sonne freundlicherweise auch gegenüber unter.

LE ROYAL MERIDIEN HAMBURG /// AN DER ALSTER 52 – 56 /// 2099 HAMBURG ///
0 40 / 2 10 00 /// WWW.LEROYALMERIDIENHAMBURG.COM ///

Würden Sie gerne mal wissen, was ein Kormoran beim An-
flug auf die Außenalster sieht? Ich auch. Leider weiß ich nicht,
wie der Meerrabe seine Umwelt wahrnimmt, aber gucken
kann er ja. Kormorane essen gerne Fisch und anders als andere
Wasservögel sitzen sie lieber erhöht auf Bäumen oder Hoch-
spannungsleitungen. Ich sitze auch gerne weiter oben, allerdings lieber in der Bar ›Le Ciel‹ im Royal Meridien.

DRINKS IM GRÖSSTEN
WINTERGARTEN ÜBER DER ALSTER

Und was das alles mit einem Kormoran zu tun hat? Nichts eigentlich! Ich esse zwar wie mein gefiederter Freund gerne Fisch, aber viel
mehr haben wir nicht gemeinsam. Ich bin ein bisschen neidisch auf
den Extremsportler. Er taucht, er
fliegt und er macht Yoga. Zumindest sieht es so aus, wenn er auf
einem Bein steht. So sportlich bin
ich leider nicht, aber dafür darf
ich Hotels betreten. Ein bisschen
fliegen kann ich auch. Der gläser-
ne Außenfahrstuhl bringt mich nach oben. Im Le Ciel in der neun-
ten Etage genieße ich im gemütlichen Ledersessel eine fantastische
Aussicht auf die komplette Außenalster. Die 40 Meter lange Fenster-
front würde auch dem Kormoran gefallen. Ein perfekter Platz, um bei
Sonnenuntergang bei jedem Wetter einen Sundowner zu genießen. Das
5-Sterne-Hotel Le Royal Meridien eröffnete im September 2003 und
hat sich etabliert. Die Nachfrage an Zimmern und Suiten in der Hansestadt steigt munter weiter. Neue Hotels eröffnen erfolgreich. Im Jahre
2010 schlummerten 2.000 Gäste in den neuen Betten und 2011 werden
wieder 2.000 dazukommen. Hamburg ist eine
Stadt, die nicht nur mit Besucherzahlen aus
dem Ausland Rekorde bricht, auch Touristen
aus den eigenen Landen besuchen die norddeutsche Metropole begeistert. Was wollte
ich eigentlich sagen? Ach ja, genießen Sie Ihren Cocktail! Oder trinken
Sie doch einfach unter der Woche einen wunderbaren Milchkaffee und
sehen Sie sich am Ausblick satt. Vielleicht können Sie ja auch den An-
flug eines Kormorans beobachten.

Tipp

Wenn Sie vom Gucken nicht satt
werden, können Sie sich auch
was zu essen bestellen. Michael
Rostang, **MEISTERKOCH AUS FRANK-
REICH**, hat da was vorbereitet.

**EIN WINTERGARTEN MIT
ALSTERSICHT. AUCH BEI
SCHMUDDELWETTER
EINEN BLICK WERT.**

Es schneit in Hamburg. Nichts wie ab in den Stadtpark. Den zweijährigen Sohn auf dem Schlitten ziehend freuen wir uns über die weiße Winterlandschaft. »Sie haben ihr Kind verloren«, erklärt uns ein überholender Jogger. Tatsächlich. Der Schlitten ist verwaist. Ein paar Meter weiter liegt unser Sohn mit dem Rücken im Schnee, zum Glück lachend. Jeder Hamburger wird mit dem Stadtpark eine Anekdote verbinden, denn wir sind alle gerne hier.

ALLES IM GRÜNEN BEREICH

Adolf Sierich erblickte im Jahr 1826 das Licht der Welt. Wie sein Vater wurde er Goldschmied. Doch ein wirklich goldenes Händchen bewies er mit Grund und Boden. Er kaufte, erschloss und verkaufte Grundstücke gewinnbringend. Als größter Grundbesitzer Winterhudes benannte er die Straßen nach seiner Verwandtschaft und leistete sich ein ganz besonderes Hobby: Er ging zur Jagd in sein privates Revier, das Siericher Gehölz.

Während Adolf auf der Pirsch war, wuchs die Stadt rasant. In Zeiten der Industrialisierung wurden viele Grünflächen bebaut. Bereits 1901 beschloss der Senat zum Ausgleich einen Stadtpark anzulegen. Ein Jahr später kaufte die Stadt der Familie das Gehölz ab, das nur ein Teil des Stadtparks ausmacht. 1914 wurde der Park eröffnet. Und heute? An schönen Sommertagen kann es selbst auf 150 Hektar ein bisschen eng werden. Ein Picknick im Grünen, ein Sprung in den See. Für die Kleinen ist das flache Kinderbecken an heißen Tagen der Hit. Auf sechs Spielplätzen kann ausgiebig getobt werden. Ältere Semester wandeln durch den Rosengarten oder entspannen auf einer schattigen Bank. Von morgens bis abends laufen Jogger und Nordic-Walker durch das Gehege. Jugendliche kicken auf der Festwiese. Drachen steigen, Modellboote dümpeln, außerdem wird Minigolf und Bodenschach gespielt. Manche zelebrieren stilvoll ein Picknick mit erlesenem Rotwein und Käsekreationen, andere trinken Bier im Akkord und hauen Würstchen auf den Grill. Restaurants und Imbissbuden versorgen diejenigen, die spontan der Hunger überkommt. Und im Winter? Lieber ab und zu gucken, ob der Passagier noch auf dem Schlitten sitzt.

> **Tipp**
> Spazieren, Joggen, Spielen, Rodeln, Grillen, Schwimmen und noch so viel mehr kann man in der **GRÜNEN LUNGE DER GRÜNSTEN STADT EUROPAS** genießen.

> **WAS FÜR DIE NEW YORKER DER CENTRAL PARK, IST FÜR DIE HAMBURGER DER STADTPARK.**

ZWISCHEN HAMBURG UND STADE AM LINKEN ELBUFER ///
TOURISTEN-INFO ALTES LAND JORK /// OSTERJORK 10 /// 21635 JORK ///
0 41 62 / 91 47 55 /// WWW.TOURISMUS-ALTESLAND.DE ///
WWW.BOOMGARDEN.DE ///

»Klaun, klaun, Äpple wüllt wi klaun, ruck zuck övern Zaun …«, singt die unvergessene Heidi Kabel in dem berühmten Hamburglied ›An de Eck steiht'n Jung mit'n Tüdelband‹. Im Alten Land muss niemand Äpfel stehlen, die werden nämlich an jeder Ecke günstig verkauft. In den vielen Gaststuben und Hofcafés kann man sich auch gleich einen frischen Apfelkuchen servieren lassen. Und wenn Sie den Boomgarden von Eckart Brandt besuchen, besuchen Sie die Arche Noah der Apfelsorten.

DAS GEHEIMNIS DER VERGESSENEN APFELSORTEN

»Ein Apfel muss rot und knackig sein hat, man den Leuten eingeredet. Viele mürbe oder gelbe Sorten werden nicht mehr angeboten. In den Supermärkten gibt es nur noch Industrieäpfel«, ärgert sich Eckart Brandt. Und er muss es wissen. Der Germanist, Historiker, Autor und Apfelbauer sorgt dafür, dass Früchte mit so klangvollen Namen wie Schöner aus Haseldorf, Juwel von Kirchwerder oder Finkenwerder Herbstprinz nach wie vor gezüchtet werden können. »Vor 150 Jahren gab es allein in Deutschland noch etwa 4.000 Sorten«, erklärt Brandt. Sein Boomgarden-Projekt kümmert sich um die Erhaltung der genetischen Vielfalt der alten Obstsorten. Einige Hundert konnte Brandt retten. Sein Hof liegt am Rande des Alten Landes, dem heute größten zusammenhängenden Obstanbaugebiet Mitteleuropas. Der Apfelanbau nimmt den Löwenteil mit 77 Prozent ein. Erst im 12. Jahrhundert wurde das damals von Überflutung bedrohte Marschland mit Hilfe von Siedlern aus den heutigen Niederlanden kolonisiert. Mit ihren Kenntnissen über die notwendigen Entwässerungstechniken und den Deichbau konnten weite Teile des Landes trockengelegt und bewirtschaftet werden. Heute hat die Gegend an der linken Elbseite zwischen Hamburg und Stade einen ganz besonderen Charme. Die unendlichen Plantagen, prächtigen Tore und Fachwerkhöfe sind zur Kirsch- und Apfelblüte in Weiß und Rosé gehüllt. Die verschiedenen Hofläden bieten neben Obst auch Wurst- und Schinkenspezialitäten, Honig und Obstbrände an. Stärken kann man sich in urigen Gasthöfen. Probieren Sie Stint oder Apfel-Cordon bleu und trinken Sie einen ›Diekpedder‹.

> **Tipp**
>
> Blüht er schon, der Apfelbaum? Unter **WWW.BLUETENBAROMETER.DE** können Sie sich auf den aktuellen Stand bringen. Da stimmt das Timing für den Ausflug.

VOR HAMBURGS TOREN VERZAUBERT DIE APFELBLÜTE.

ZOLLENSPIEKER FÄHRHAUS /// ZOLLENSPIEKER HAUPTDEICH 143 ///
21037 HAMBURG /// 0 40 / 7 93 13 30 ///
WWW.ZOLLENSPIEKER-FAEHRHAUS.DE ///

Am Elbstromkilometer 598,5 existierte schon vor Hunderten von Jahren eine Furt, die die Flussquerung möglich machte. Bereits 1252 war eine Fährverbindung eingerichtet und es wurde Zoll erhoben. Die Grundmauern des heutigen Zollenspieker Fährhauses verraten, dass schon damals an dieser Stelle ein Zollhaus stand. Die Elbe macht hier eine Biegung und man kann nicht nur den Fluss, sondern auch das eigene Ufer überblicken. Das war damals strategisch wichtig und ist heute einfach nur schön.

ELBE AUFWÄRTS – ZUM SÜDLICHSTEN PUNKT HAMBURGS

Im Zollenspieker Fährhaus befindet sich heute ein Restaurant. Das beliebte Ausflugsziel wird besonders an den Wochenenden gerne besucht. Im Sommer begeistert die Terrasse mit dem wunderbaren Blick. An ungemütlicheren Tagen findet sich drinnen ein urgemütliches Plätzchen. Das Publikum ist sehr gemischt. Viele Motorradfahrer schätzen die schöne Strecke und machen hier Rast. Aber auch Rentner, Verliebte und Familien mit Kindern besuchen das Fährhaus gern. Hier trifft lebendige Stimmung auf solide Küche. Das Restaurant bietet unter anderem jeden Monat klassische Gerichte der Saison an. Von Grünkohl im Januar über Maischolle, Spargel, Matjes, Kürbis bis zur Martinsgans im Dezember. Zusätzlich locken abwechslungsreiche Veranstaltungen. Ab dem Anleger vor dem Haus können Sie mit einer Barkasse auf Elbfahrt gehen. Und wenn Sie nach all dem müde sind, hat das Haus noch ein paar zauberhafte Gästezimmer in petto. Im Winter 2011 wird das neue Hotel Zollenspieker Fährhaus eröffnet, ein 4-Sterne-Haus. Die Gäste der 50 Doppelzimmer mit freiem Elbblick dürfen sich auf einen modernen Spa-Bereich freuen. Die etwa 25 Kilometer lange Fahrt ab Hamburg wird zum Vergnügen, wenn man sich für die kleinen elbnahen Straßen entscheidet. Wenn Sie am Holzhafen den Moorfleeter Deich entlangfahren, kommen Sie bei ›Stubbe‹ vorbei. Der ZDF-Kommissar hat hier sein ›Heim‹. Von hier fährt er täglich mit dem Fahrrad aufs Revier in die Stadt. Donnerlittchen! Da sind ja zehn Kilometer! Nur in Wirklichkeit, nicht im Drehbuch.

> **Tipp**
> Im Pegelhaus, dem KLEINSTEN RESTAURANT DER WELT, können Sie mit maximal vier Personen speisen, oder auch romantisch zu zweit.

> **DIE FÄHRVERBINDUNG BESTEHT NOCH IMMER UND SIE KÖNNEN IHR AUTO MITNEHMEN.**

SÜLLBERGTERRASSE 12 /// 22587 HAMBURG /// 0 40 / 8 66 25 20 ///
WWW.SUELLBERG-HAMBURG.DE ///

Hamburg – Plattes Land? Nein, es gibt auch einen Berg. 75 Meter ist er hoch, der Süllberg in Blankenese. Zugegeben, Menschen aus anderen Regionen Deutschlands könnten jetzt mit dem Kopf schütteln und von einem Hügelchen sprechen. Ist aber ein verdammt hübscher Hügel. Und wenn man im Biergarten des edlen Hotel Süllberg sitzt, die Sonne im Gesicht und den Blick weit über die Elbe schweifend, dann schwebt man viel höher als 75 Meter.

CURRYWURST DELUXE – IMBISS MIT WEITBLICK

Die erste Burg auf dem Süllberg ließ Erzbischof Adalbert von Bremen um 1060 errichten. Sie diente der Sicherung der Fährverbindung über die Elbe. Lange stand die Burg nicht. Das aktuelle, wunderschöne Bauwerk wurde von 1887 bis 1903 erbaut und ist heute ein 5-Sterne-Hotel. Das Gourmetrestaurant Seven Seas, seit 2003 mit einem Michelin-Stern ausgezeichnet, steht unter der Leitung von Karlheinz Hauser. Er bietet ›exzellente klassisch-französisch geprägte und mit Einflüssen der sieben Weltmeere akzentuierte Küche.‹ Filet und Involtini vom Tiroler Kaiserkalb mit Polentatörtchen, Perlzwiebeln und Balsamicojus oder Bretonischer Hummer und Bachsaibling mit eingelegten Gurken und Curry-Ananasgelée? Klingt teuer, ist es auch. Bestellen Sie das Menü! So lässt sich ein großartiger Abend mit einer wunderbaren Aussicht schon ab 89 Euro erleben. In der Seaside-Lounge sitzt man in bequemen Sofalandschaften und genießt seinen Sundowner wie ein Royal. Und nun das Beste: Es geht auch günstiger! Bei schönem Wetter ist von 11 Uhr bis 23 Uhr der Biergarten geöffnet. Man bedient sich selbst. Kaffee und Kuchen oder Herzhaftes wie Hähnchen vom Grill, Kartoffelsalat oder Currywurst mit Pommes. Dazu ein kühles Blondes oder einen feinen Wein. Sicher etwas teurer als vom Imbiss nebenan. Na und? Schöner kann man eine Currywurst gar nicht essen! Containerfrachter und Kreuzfahrtschiffe fahren die Elbe auf- und abwärts, und der Sonnenuntergang nimmt einem den Atem.

> **Tipp**
>
> Für Kinder stehen sogar **BOBBY-CARS** bereit, damit die Kleinen Spaß haben und die Großen den Blick genießen dürfen. Ihren Wagen können Sie im hauseigenen Parkhaus abstellen.

DEM HIMMEL SO NAH! SCHÖNER GUCKEN, LECKER ESSEN. FÜR JEDEN GELDBEUTEL.

JAHRESZEITEN TERRASSE /// NEUER JUNGFERNSTIEG 9 – 14 ///
20354 HAMBURG /// 0 40 / 34 94 31 51 /// WWW.HVJ.DE ///

Die höchste Auszeichnung eines Schauspielers ist der Oscar. Köche wollen mehr. Sterne! Nicht auf dem Hollywood-Boulevard, sondern die begehrten, die der Gastro-Führer Michelin verteilt. In Hamburg sind zwei Frauen und neun Männer mit dem begehrten Michelinstern ausgezeichnet. Lassen Sie sich mit den leckersten Kreationen verwöhnen! Sie können aber auch mit kleinerem Budget in den Genuss der ausgezeichneten Küche kommen.

HAMBURGS ELEVEN

Möchten Sie wunderbar essen, aber kein Vermögen ausgeben? Ich habe elf Tipps für Sie.

IN ALPHABETISCHER REIHENFOLGE

ALI GÜNGÖRMÜS – LE CANARD NOUVEAU

Hier ist sparen etwas teurer, aber auch sehr fein. An Samstagen dürfen Sie schon mittags das Abendmenü genießen. 3 Gänge vom Feinsten für 45 Euro. Wasser bekommen Sie gratis dazu und auch der fantastische Elbblick ist im Preis enthalten. Unter der Woche werden Ihnen mittags zwei Gänge für 29 Euro gereicht.

ELBCHAUSSEE 139 /// 22763 HAMBURG /// 0 40 / 88 12 95 31 ///
WWW.LECANARD-HAMBURG.DE ///

KARL-HEINZ HAUSER – SEVEN SEAS

Weil es auf dem Süllberg so schön ist, habe ich dem Spot schon ein Kapitel gewidmet. Blättern Sie mal nach.

WWW.SUELLBERG-HAMBURG.DE ///

JOCHEN KEMPF – PRINZ FREDERIK

In einer wunderschönen weißen Villa im Stadtteil Harvestehude ist das kleine aber feine Hotel Abtei mit dem Restaurant ›Prinz Frederik‹ zu Hause. Günstiger speisen Sie im Bistro. Die Hauptgerichte kosten dort zwischen 15 und 24 Euro.

ABTEISTRASSE 14 /// 20149 HAMBURG /// 0 40 / 44 29 05 ///
WWW.ABTEI-HOTEL.DE ///

THOMAS MARTIN — JACOBS RESTAURANT

Gegenüber des berühmten Hotels Louis C. Jacob liegt die Weinstube ›Kleines Jacob‹. In gemütlicher Atmosphäre genießen Sie leckere Flammkuchen ab 8 Euro und zahlreiche köstliche Kleinigkeiten mehr.

ELBCHAUSSEE 401 – 403 /// 22609 HAMBURG /// 0 40 / 82 25 50 /// WWW.KLEINES-JACOB.DE ///

WAHABI NOURI — PIMENT

Unweit des Restaurants Piment gibt es das ›Fleur de Piment‹, das Nouri zusammen mit seiner Frau betreibt. In einem modernen orientalischen Ambiente verlieben Sie sich in die marokkanischen und französischen Spezialitäten.

EPPENDORFER BAUM 34 /// 20249 HAMBURG /// 0 40 / 42 91 61 85 /// WWW.FLEURDEPIMENT.DE ///

CORNELIA POLETTO — POLETTO

Die sympathische Köchin hat sich neu erfunden. Nach dem Abriss ihres Restaurants eröffnete die Poletto nun eine ›Gastronomia‹. In dem Feinkostladen mit angeschlossenem Restaurant verwöhnt sie ihre Gäste mit frischen Gerichten. Ihr ganzer Stolz und das Herz ihrer offenen Küche ist der Molteni-Herd in Dunkelbraun. Eine Spezialanfertigung. Schauen Sie der Sterneköchin über die Schulter, genießen Sie ein wunderbares Grillhähnchen oder trinken Sie in entspannter Atmosphäre einfach ein Glas Wein.

EPPENDORFER LANDSTRASSE 80 /// 20249 HAMBURG /// WWW.POLETTO.DE ///

CHRISTIAN RACH — RACH & RITCHY

Im Restaurant Tafelhaus genossen die Gäste seine wunderbare Küche. Rach kümmert sich heute im TV um ›Problemfälle‹ in ganz Deutschland. Zum Glück gibt es noch das Rach & Ritchy. Christian Rach und sein Partner Ritchy Mayer überzeugen mit Steaks der Extraklasse. Mittags können Sie sich ab 15 Euro kulinarisch verwöhnen lassen.

HOLSTENKAMP 71 /// 22525 HAMBURG /// 0 40 / 89 72 61 70 /// WWW.RACH-RITCHY.DE ///

AUF DER JAHRESZEITEN-TERRASSE SCHLEMMEN SIE FRISCHE KÖSTLICH-KEITEN DIREKT AN DER BINNENALSTER

CHRISTOPH RÜFFER – HAERLIN

Im legendären Grandhotel Vier Jahreszeiten ist es selbst im ›Grill‹ etwas teurer. Im Sommer kann jedoch auf der ›Jahreszeiten Terrasse‹ geschlemmt werden. Auf dem Bistrosteg an der Binnenalster genießen Sie den Blick und feinste bezahlbare Gerichte.

NEUER JUNGFERNSTIEG 9 – 14 /// 20354 HAMBURG /// 0 40 / 34 94 31 51 ///
WWW.HVJ.DE ///

ANNA SGROI – SGROI

Signora Sgroi hat neben ihrem Restaurant auf der Langen Reihe den kleinen Laden ›Alimentari‹, in dem neben vielen Köstlichkeiten auch ihre Saucen zu haben sind. Schlagen Sie zu! So zaubern Sie zu Hause mit ein bisschen Hilfe von Anna Sterneküche auf den Tisch.

LANGE REIHE 40 /// 20099 HAMBURG /// 0 40 / 28 00 39 30 ///
WWW.SGROI-ALIMENTARI.DE ///

HEINZ WEHMANN – LANDHAUS SCHERRER

Im Bistro genießen Sie mittags deftige Küche zu schlanken Preisen um die 13 Euro. Im Öi, einer charmanten kleinen Bude neben dem Restaurant, kostet Sie die Empfehlung des Tages etwa 5 Euro.

ELBCHAUSSEE 130 /// 22763 HAMBURG /// 0 40 / 8 83 07 00 10
WWW.LANDHAUSSCHERRER.DE /// WWW.BISTRO-OE1.DE ///

GERALD ZOGBAUM – KÜCHENWERKSTATT

In dem alten Fährhaus in Winterhude präsentiert man mittags das ›Lunchtablett‹. Für 18 Euro schlemmen Sie 3 Gänge. Sie können hier aber auch einen Kochkurs machen, von Zogbaum lernen und zu Hause selbst mit feinster Küche angeben.

HANS-HENNY-JAHNN-WEG 1 /// 22085 HAMBURG /// 0 40 / 22 92 75 88 ///
WWW.KUECHENWERKSTATT-HAMBURG.DE ///

DER TREPPENKRÄMER BLANKENESE /// HANS-LANGE-STRASSE 23 /// 22587 HAMBURG /// 01 51 / 20 11 20 42 LADEN /// 0 40 / 89 01 84 88 BÜRO /// WWW.TREPPENKRAEMER.DE ///

Stellen Sie sich vor, Sie sind in einem Tante-Emma-Laden und nehmen Platz in einer kleinen Nische. Sie sitzen gemütlich zwischen Konservendosen mit Obst und Gemüse, Knäcke-brot, Teefiltern, Waschpulver und Bonbons. Sie genießen wun-derbaren Kaffee oder Tee und Sie essen Kuchen oder ein Stück Torte. Selbst gemacht und soo lecker! Wenn das Wetter rau ist, lehnen Sie sich zurück ins Regal und schauen auf den kleinsten und witzigsten Kamin der Hansestadt. Ein Märchen? Irgend-wie schon, aber ein reales.

ZU SCHNUCKELIG, UM WAHR ZU SEIN

Im Jahre 1912 richtete ein Lotse für seine ledige Tochter an der damaligen Hauptstraße einen Laden ein. Gemüse, aber auch einige Haushaltssachen wurden verkauft. Bis in die 1980er Jahre. Mit dem Bau der Bahnhofstraße in den 1960er Jahren wurde das Geschäft isoliert. Zum Glück, denn heute sitzt man ohne Verkehr im Trep-penviertel. Im Sommer fühlt man sich wie auf Ibiza. Im Winter ist es nur kuschelig. Das Ehepaar Sandt-ner entdeckte zufällig im Februar 2005 eine Verpachtungsanzeige am Ladenfenster. Und die Sandtners

> Vor oder nach einem Ausflug im Treppenviertel oder am Elbstrand können Sie sich hier stärken und eine **ATMOSPHÄRE** genießen, die es eigentlich gar nicht mehr gibt.
>
> **Tipp**

schlugen zu. »Ich halte immer Käsekuchen bereit – gebacken nach einem Familienrezept. Dann bereite ich mit verschiedenen Biskuitböden Torten mit Quark oder Joghurtfruchtfüllungen zu. Es gibt mittlerweile ein klei-nes Standardprogramm, aber das Kreieren neuer Geschmacksrichtungen reizt mich sehr.« Zu Brigittes Spezialitäten gehören Rumkugeln und eine Mohnmarzipan-Torte. Aber auch Herzhaftes steht auf der Karte. Neben leckeren Fischbrötchen auch warme Gerichte. ›Hühnersuppe mit viel drin‹, oder Gratins und Quiches . Leider hat der zauberhafte Laden nur

WENN ES MIT DEM KAKAO MAL LÄNGER DAUERT, LIEGT ES DARAN, DASS DIE SAHNE FRISCH GESCHLAGEN WIRD.

freitags, samstags und sonntags geöffnet. Die Blankeneser holen sich dann ihre Brötchen und bleiben noch auf einen Kaffee. Auch ein Promi ist mal dabei, aber das ist Brigitte Sandtner nicht so wichtig. »Ich finde es toll, dass sich in meinem kleinen Café Menschen begegnen und ins Gespräch kommen.« Taschentücher, Pflaster für kleine Verletzungen, Schnürsenkel und Batterien für den Fotoapparat gibt es natürlich auch.

DIESE SKULPTUR IST EIN SYMBOL FÜR DIE LANGE
TRADITION DES VIEHHANDELS. ///

Auf dem Heiligengeistfeld wurde ab 1862 mit Rindern und Schafen gehandelt und später in unmittelbarer Nähe der Schlachthof errichtet. Seit 1996 kommt hier kein Tier mehr ums Leben. Auf dem Gelände zwischen der Sternschanze, dem Heiligengeistfeld und dem Messegelände befindet sich heute noch der Fleischgroßmarkt. Von hier nehmen die Steaks ihren Weg in die Hamburger Restaurants. Manchmal ist der Weg nicht weit, denn in direkter Nachbarschaft kann man großartig satt werden.

ESSEN SIE SICH SATT

Teller mit Portionen, die Loriot als übersichtlich bezeichnen würde, werden Sie hier nicht finden. Das Gelände ist eher nüchtern, aber auf eine schöne Aussicht kann man gerne mal verzichten, wenn die Qualität des Essens hervorragend ist und der Preis stimmt.

Vier Restaurants auf dem Gelände des alten Schlachthofs möchte ich Ihnen vorstellen.

> **Tipp**
>
> Im Deltashop Großmarkt können Sie **DELIKATESSEN AUS DER GANZEN WELT** kaufen. Essen Sie erst im Bistro. Mit leerem Magen könnte der Einkaufswagen sehr voll werden.

DIE BULLEREI

In den historischen Viehhallen sind TV-Koch Tim Mälzer und sein Partner Patrick Rüther Gastgeber. Der Küchenbulle ist schnörkellos und echt. Und genau das bietet seine Küche. Das Beef-Tatar ist grandios. Unbedingt reservieren. Im Deli haben Sie auch kurzfristig die Chance auf einen Tisch und genießen den besten Burger der Stadt.

LAGERSTRASSE 34B /// 0 40 / 33 44 21 10 ///
WWW.BULLEREI.COM ///

DIE SCHLACHTERBÖRSE

Seit 30 Jahren bewirtet Wolfgang Süße seine Gäste. Gemütlich und rustikal ist es hier und die Fotos an den Wänden verraten, welche Berühmtheiten hier schon wunderbar gegessen haben. Die Bee Gees und Woody Allen sind auch dabei.

KAMPSTRASSE 42 /// 0 40 / 43 65 43 ///
WWW.SCHLACHTERBÖRSE.DE ///

ERIKAS ECK

Mit großen Portionen und kleine Preisen überzeugt Erikas Eck seit über 40 Jahren. Die ungewöhnliche Öffnungszeit von 17 bis 14 Uhr lockt nicht nur Taxifahrer und Nachtschwärmer an. Wenn Sie im Morgengrauen dringend ein Rumpsteak brauchen oder ihre schwangere Freundin Lust auf einen Matjes hat, sind Sie bei Erika richtig.

STERNSTRASSE 98 /// 0 40 / 43 35 45 ///
WWW.ERIKAS-ECK.DE ///

DELTA BISTRO

Jeden Mittag stehen drei verschiedene Gerichte für 7,95 Euro auf der Karte. Das Tagesmenü mit Suppe und Dessert ist für 9,95 Euro zu haben. A la Carte bekommen Sie bestes Fleisch und feinsten Fisch. Norddeutsche Klassiker, riesige Steaks oder Hummer, die vor Ihrer Bestellung noch im Wasserbecken im Erdgeschoss vor sich hin dümpelten.

LAGERSTRASSE 11 /// 0 40 / 4 31 61 36 ///
WWW.DELTA-HAMBURG.DE ///

Tipp

Auf dem Gelände um die ehemaligen Rinderschlachthalle finden findet jeden Samstag ein **TRÖDEL-MARKT** statt.

GRETCHENS VILLA /// MARKTSTRASSE 142 /// 22357 HAMBURG ///
01 70 / 5 57 81 10 /// 0 40 / 76 97 24 34 /// WWW.GRETCHENS-VILLA.DE ///

Als andere Kinder auf dem Spielplatz Kuchen im Sandkasten formten, wuselte die kleine Steffi bereits in der heimischen Küche herum. Sie backte echten Kuchen für ihre Familie und entdeckte ihre Leidenschaft für andere etwas Schönes zuzubereiten. Stefanie Margarethe Herbst hat diese Begeisterung nie verloren und sich zu einem mutigen Schritt entschlossen. Das eigene Café. Nun hat sie den Salat. Im Übrigen einen der leckersten der Stadt.

WENN TRÄUME WAHR WERDEN ...

… dann kann es auch schon mal stressig sein. Stefanie Margarethe Herbst könnte ein Lied davon singen, muss sie aber nicht, denn diesen Teil haben ihr Freunde abgenommen. Die Hamburger Band Revolverheld ermutigt in ihrem Song ›Spinner‹ Menschen, ihre Träume zu verwirklichen. Stefanie ist nicht gemeint, denn sie selbst inspirierte die Jungs zu einer der Strophen. Gretchens Villa sieht tatsächlich so aus, als hätte eine Fee das Café einer Puppenstube vergrößert und es mitten ins Karoviertel gesetzt. Vom Traum zur Wirklichkeit. Stefanie hatte keine Fee an ihrer Seite. Sie musste selbst zaubern, werkeln und natürlich sparen, bis sie ihre Idee in die Tat umsetzen konnte. Ihr Arbeitstag ist lang. Der Wecker klingelt um 6.30 Uhr und vor 21.00 Uhr ist Gretchen selten zu Hause. Die gelernte Verlagskauffrau, die nebenbei noch Kommunikationswirtschaft studierte, hat sich für einen 14-Stunden-Arbeitstag entschieden. Zum Glück kann sie sich mit den leckersten Köstlichkeiten stärken. Das Frühstücksangebot ist vielfältig und der Mittagstisch jeden Tag anders. Stefanie stöbert gern nach Rezepten. »Und ich tausche mich mit meinen Mädels aus – die können nämlich auch alle gut kochen.« Pasta und gegrillte Focaccia gibt es immer, nur eins nicht – Fertigprodukte. Ihre Leidenschaft ist nach wie vor das Backen. Ihr Waldbeeren-Schmand-Kuchen oder die Mascarponetorte sind göttlich. Wie es Stefanie gelingt, trotz all der Versuchungen so schlank zu bleiben, dass müssen Sie sie schon selber fragen.

> **Tipp**
>
> Gretchens Villa ist zauberhaft. Am Wochenende sollten Sie unbedingt frühzeitig einen Tisch reservieren. Über das **LECKERE TAGESMENÜ** informieren Sie sich auf der Homepage.

STEFANIE HAT IHREN TRAUM WAHR GEMACHT. IHRE VILLA IST TRAUMHAFT.

**(M)EATERY IM SIDE HOTEL /// DREHBAHN 49 /// 20354 HAMBURG ///
0 40 / 30 99 95 95 /// WWW.MEATERY.DE ///**

Im einzigen 5-Sterne-Designhotel der Stadt, dem SIDE, ist das (m)eatery zu Hause, ein Steaktempel der Extraklasse. Wenn Sie nur etwas trinken möchten, sind Sie herzlich eingeladen in der Bar des Restaurants einen Drink zu genießen. Hier dürfen Sie sich bei einem Cocktail auch einreden, etwas Gutes für ihr Immunsystem zu tun. Alle Säfte sind frisch gepresst. Im Paloma versorgt Sie Grapefruit- und Limettensaft mit Vitamin C. Der Tequila ist für den Kreislauf.

DAS GEHEIMNIS
DES BESTEN STEAKS DER WELT

Die Einrichtung ist stylish. Was anderes würde man von einem Designhotel auch nicht erwarten. Die (m)eatery präsentiert sich in diversen Grüntönen und edlem Holz. Viele Kerzen und das überaus zuvorkommende Personal erzeugen eine angenehme Atmosphäre. Die Qualität spricht für sich. Das besondere an der (m)eatery sind natürlich die Steaks. Küchenchef Hendrik Maas ist noch keine 30 Jahre. Seine Karriere als Koch startete er im Jahre 2003. Dass er es in so jungen Jahren und in so kurzer Zeit geschafft hat, ganz oben mitzuspielen, zeigt, wie sehr er für seinen Beruf brennt. Heißer ist nur sein spezieller Infrarotofen, in dem er die wunderbaren Steaks bei 800 Grad grillt. Maas kochte unter anderem bei Lafer. Für seinen Job in der (m)eatery bereitete er sich gründlich vor. Die Geschichte des perfekten Steaks ist spannend und beginnt in New York. 1887 eröffnete Peter Luger ein Steakhouse, das bis heute mit bestem Fleisch verwöhnt. Luger lagerte das Fleisch am Knochen. Eine gängige Methode vor der Erfindung der Vakuumverpackung. Der Bremer Wolfgang Zwiener arbeitete seit 1964 lange als Kellner im von Luger gegründeten Betrieb, bis er sein eigenes Steakhaus Wolfgang's eröffnete. Die Methode, die Steaks reifen zu lassen, übernahm er. Zwiener wurde Millionär. Hendrik Maas hat ihm über die Schulter gesehen. Heute bieten besondere Kühlkammern die Möglichkeit, den Reifungsprozess zu kontrollieren. Bei konstanten 2 Grad Celsius und 95 Prozent Luftfeuchtigkeit wird das Fleisch durch Enzyme zersetzt und dadurch noch zarter und schmackhafter. Steakfans sollten sich dieses kulinarische Erlebnis nicht entgehen lassen.

> **Tipp**
>
> Wenn Sie es lieber kälter mögen, dann haben Sie die Qual der Wahl. Es gibt hier **18 VERSCHIEDENE TATARVARIATIONEN**.

COOLE BAR UND DRINKS VOM FEINSTEN

Keine Zeit, kein Geld. Und so viel Lust auf mediterranes Lebensgefühl? Man müsste sich einfach mal wegbeamen können! Aber das geht ja nur bei Raumschiff Enterprise! Stimmt! Beamen geht nicht, aber mediterranes Lebensgefühl lässt sich mitten in Hamburg erleben. Nach einem Sommerabend im Portugiesenviertel um die Ditmar-Koel-Straße haben Sie zu Hause im eigenen Bett doch das Gefühl, kurz mal nach Portugal gebeamt worden zu sein.

HILFE BEI FERNWEH

Ein Raunen geht durchs Viertel. Es ist WM 2010. Portugal spielt gegen Brasilien. Vor den vielen portugiesischen Restaurants haben sich Menschen zum Public Viewing versammelt. Und die Glücklichen, die einen Tisch ergattern konnten, natürlich auch zum Essen. Die Deutsche Flagge schmückt hier kaum ein Auto oder einen Balkon. Das Spiel endet torlos. Kein »Goool!«. Der Spanier gegenüber nimmt es gelassen und bereitet die nächste Party vor. Morgen wird Spanien

> Nach Portugal geht es mit dem Flugzeug, ins Portugiesenviertel mit der U-Bahn. Parkplätze stehen nicht zur Verfügung. So darf auch **EIN SAGRES MEHR** getrunken werden.

Tipp

die Schweiz aus der WM kicken. Da ist er sich sicher. Spanien wird Weltmeister. Der Mann ist ein Prophet! Und beim Endspiel werden auch die Portugiesen und die Brasilianer aus dem Viertel die Daumen drücken und auch die Hamburger. Aus dem einstigen Arbeiterviertel zwischen Michel und Landungsbrücken ist etwas ganz Besonderes geworden. Seit sich vor etwa 25 Jahren die ersten Portugiesen und Spanier entschlossen, ein Restaurant aufzumachen, ist diese kleine Insel entstanden. Weitere Restaurants, aber auch Tapasläden und Cafés sind

FRISCHER FISCH? KANINCHEN IM TONTOPF? AB IN DEN SÜDEN! AUF GEHT'S! LÁ VAMOS NÓS!

dazugekommen. Egal, ob man am Morgen seinen Café Cortado zu sich nimmt oder am Abend mit Freunden an einem rustikalen Tisch sitzt und viel länger bleibt, als man es sich eigentlich vorgenommen hat. Die Möwen kreischen, der Wind weht den Elbduft durch die Gassen und dieser wunderschöne Kurzurlaub endet in Hamburg.

SLOWMAN /// BURCHARDSTRASSE 13C, IM CHILEHAUS BUG ///
20095 HAMBURG /// 0 40 / 33 75 61 /// WWW.SLOWMAN.DE ///

Rachs Restaurantschule. Haben Sie die Sendungen verfolgt, mitgezittert und mitgefiebert? Und sich gefragt, ob das überhaupt mal was werden wird mit dem unüblichen Stab von Mitarbeitern? Die Serie ist vorbei, aber das Restaurant ›Slowman‹ ist noch da, zusammen mit ein paar motivierten Kandidaten aus der Fernsehshow. Mit Glück bekommen Sie noch einen Tisch. Unbedingt reservieren. Es lohnt sich!

VON SLOMAN ZUM SLOWMAN

Die Idee ist nicht neu, aber die deutsche Variante kam erst mit Rachs Restaurantschule auf den Bildschirm. Und zwar so erfolgreich, dass der Sternekoch mit dem Deutschen Fernsehpreis 2010 für ›Bestes Dokutainment‹ ausgezeichnet wurde. Christian Rach nahm sich neun Wochen lang zwölf junge Menschen mit einer schwierigen Biografie zur Brust. Hart aber herzlich. Die meisten konnten anfangs Stangensellerie

> Besuchen Sie das Slowman am Mittag und reservieren Sie sich einen Tisch. Ab 10,90 Euro für vier **KLEINE, ABER FEINE GÄNGE**.

Tipp

nicht von Rhabarber unterscheiden. Einige Kandidaten haben es geschafft und im Slowman einen Ausbildungs- oder Arbeitsplatz gefunden, im beeindruckenden Chilehaus. Das 10-stöckige Kontorhaus, das mit seiner Architektur an einen Schiffsbug erinnert, wurde 1924 fertiggestellt. Der damalige Bauherr war Henry B. Sloman, ein Unternehmer, der gutes Geld mit Salpeter aus Chile machte. Zurück zum Slowman. Christian Rach steht zwar beratend zur Seite, aber die Küchenchefs sind Frank Bertram und Hanno Hansch. Mit der ungewöhnlichen Mannschaft schaffen sie es, die Gäste wunderbar zu verköstigen. Der schnelle Teller bietet mittags ein vegetarisches Viergängemenü für 10,90 Euro an. Wenn Sie Ihren Teller mit Fleisch oder Fisch ergänzen wollen, zahlen Sie 3,00 Euro extra. Die ersten drei Gänge werden tatsächlich auf einem Teller serviert. Ein frischer ›slow-

DAS CHILEHAUS IST EINZIGARTIG.

man Salat‹, Sushi des Tages und Penne mit Cherrytomaten, Rucolaschaum und Parmesan. Der Nachtisch wird separat gebracht. Ein Vanilleluftpudding. Wein gibt es auch im kleinen 0,1l-Gläschen. Man will sich in der Mittagspause ja nicht vollaufen lassen, aber zu so einem guten Essen ist ein Schlückchen schon schön. Und die Kandidaten? Einige sehen Sie bei der Arbeit. Planlos war gestern. Sie werden mit Enthusiasmus empfangen und mit Liebe bekocht. Es gibt viele Castingshows. Rachs Restaurantschule war auch eine, aber eine, die jungen Menschen statt eines Plattenvertrags eine berufliche Perspektive geben konnte.

Die Bar Indochine gehört zum wunderbaren Restaurant Doc Cheng's im eindrucksvollen Fairmont Vier Jahreszeiten. 1897 ersteigerte Friedrich Haerlin ein winziges Hotel an der Binnenalster und baute es zu einem Grandhotel aus. Noch immer ist die edle Unterkunft eine der besten Adressen der Stadt. Die Bar hat diese gelassene dunkle Atmosphäre, an der sich auch die feine Gesellschaft im kolonialen Indochina erfreut hätte. Nur Opium rauchen darf man hier nicht.

LEIDER NICHT AUF REZEPT – DER SINGAPORE SLING

›Die Kunst der Medizin besteht aus dem Aufmuntern des Patienten, während die Natur die Krankheit heilt.‹ Nach diesem Motto behandelte der Arzt und Lebemann Doc Cheng. 1882 wurde er mit Namen Cheng Soon Wen auf der Insel Penang in Malaysia geboren. Nach Stationen in Singapur und Bangkok studierte Cheng in London Medizin und nebenbei weibliche Anatomie. Aufgrund einer Affäre musste er die Stadt verlassen und landete in Hamburg. Im Grandhotel Vier Jahreszeiten war er oft zu Gast. Doctor Cheng zog es zurück nach Singapur. Er eröffnete

> **Tipp**
>
> Wenn Sie schon hier sind, sollten Sie im Restaurant Doc Cheng's essen. In meinem persönlichen Lieblingsrestaurant genießen Sie **FANTASTISCHE EURO-ASIATISCHE KÜCHE**.

dort eine Praxis. Besser aufgehoben fühlte er sich im edlen Hotel Raffles und darum praktizierte er öfter dort. Im Krieg operierte er auch mal auf dem Billardtisch. Bereits um 1910 hatte der Barmann des Hauses, Niam Tong Boon, den Singapore Sling erfunden. Es gehört zu einem Singapurbesuch dazu, in dem legendären Hotel Raffles diesen Cocktail im Original zu kosten. Ich war 1994 in der Stadt, habe mich mit Sommerkleidchen und Sandalen aber nicht in das edle Gebäude getraut.

DURCH DEN SEITENEINGANG DES PRACHTHOTELS GELANGEN SIE IN DIE SCHÖNE BAR

Und wo haben der Geist von Doc Cheng, der Singapore Sling und ich uns dann doch noch getroffen? Natürlich in Hamburg, in der Bar Indochine. Die Raffles International übernahm das Vier Jahreszeiten 1997. Ein Jahr später wurde das Doc Cheng's eröffnet. Die Schwarz-Weiß-Bilder an den Wänden hat der weit gereiste Doktor übrigens persönlich fotografiert. In der Bar Indochine gibt es natürlich den wahren Singapore Sling. Der Barmanager Andreas Ruks und sein Team kennen das Originalrezept.

LITERATURHAUSCAFÉ /// SCHWANENWIK 38 /// 22087 HAMBURG ///
0 40 / 2 20 13 00 09 /// WWW.LITERATURHAUSCAFE.DE ///

Frank McCourt, Anna Gavalda, Salman Rushdie, Martin Walser, Jonathan Franzen und Carlos Ruiz Zafón sind nur einige Beispiele für hochkarätige Gäste in der Stadtvilla an der Außenalster. Auch junge Autoren haben hier einen Platz. Das Literaturhaus Hamburg e. V. veranstaltet etwa hundert Events im Jahr: neben Lesungen auch Gesprächsrunden und Podiumsdiskussionen. Als öffentliches Restaurant stehen die schönen Räume jedem offen. Die Speisekarte liest sich wie ein Gedicht und wem sie zu kurz ist, der kann sich in der hauseigenen Buchhandlung mit neuem Lesestoff eindecken.

NAHRUNG VOM FEINSTEN, FÜR KÖRPER UND GEIST

In einzigartiger Atmosphäre haben Sie die Qual der Wahl, wenn Sie die beeindruckende Frühstückskarte studieren. Es gibt nichts, was es nicht gibt. Die Auswahl wird nicht leichter, weil man den Blick immer wieder nach oben richtet. An der bemalten Stuckdecke hängen zwei riesige Kronleuchter und das Kristall funkelt. Sie sitzen in einem Ballsaal mit Geschichte und dem letzten seiner Zeit in der Hansestadt. Der Architekt Jean David Jolasses und der Baumeister Johann Georg Haller erwarben das Doppelgrundstück am heutigen Schwanenwik.

> **Tipp**
>
> Reservieren Sie einen Tisch oder einen der Räume. Und wenn Sie hier heiraten wollen, ist das auch kein Problem. **DER STANDESBEAMTE KOMMT VORBEI.**

Die spätklassizistische Reihenhausvilla entstand im Jahre 1868 und gilt als eines der ältesten Häuser im Stadtteil Uhlenhorst. Adolph von Pein erwarb sie später und ließ 1889 den prächtigen Gartensaal anbauen. Der Saal hatte im Laufe der Jahre verschiedene Funktionen. Anfang des 20. Jahrhunderts diente er als Gymnastikraum eines Orthopäden. In den 1920er und 30er Jahren wurde hier getanzt. Lola Rogge lernte und lehrte hier den modernen Ausdruckstanz. 1939 wurde das Haus zwangsverkauft und erst zu einem Mädchenheim, 1943 dann zwei Jahre zu einer Notunterkunft für Parteimitglieder, deren Wohnungen ausgebombt waren. Nach dem Krieg diente die Villa bis 1985 als Durchgangsheim für Mädchen. 1987 erwarb die ZEIT-Stiftung das Gebäude. Seit

> **AUCH FÜR LANGSCHLÄFER! FRÜHSTÜCK GIBT ES HIER BIS 18.00 UHR.**

1989 können Sie nun bei einer Lesung nette Menschen kennen lernen, beim ersten Date stilvoll dinieren, und wenn es Liebe ist, sogar hier heiraten. Zusammen ist man weniger allein und zwar Tag und Nacht und auch im Sommer, hier im Schatten des Windes.

PRINSESSAN UHLENHORST /// HOFWEG 63 /// 22085 HAMBURG ///
0 40 / 41 34 69 99 ///
PRINSESSAN EPPENDORF /// WOLDSENWEG 1 /// 20249 HAMBURG ///
0 40 / 46 77 88 29 /// WWW.PRINSESSAN.DE ///

Ist Ihnen das Dessert der liebste Gang eines Menüs? Na, dann lassen Sie die anderen doch einfach weg und konzentrieren Sie sich auf Ihre Leidenschaft. In der ersten Dessert-Bar Deutschlands bekommen Sie auch ein süßes Drei-Gänge-Menü. Dazu wird man Ihnen einen passenden Dessertwein kredenzen. Sie können auch zum Frühstück kommen oder nachmittags zum hochwertigen Kaffee-, Kakao- und Teeangebot wunderbaren Kuchen genießen. Fühlen Sie sich wie eine Prinzessin.

DAS PARADIES FÜR NASCHKATZEN

Im Oktober 2008 wurde Roman Witt von einer Freundin in ein ganz besonderes Café eingeladen, in das ChikaLicious im New Yorker East Village. Die erste Dessert-Bar der Metropole. Der Eventmanager und bekennende Süßspeisenliebhaber war begeistert von der schönen Atmosphäre und den kreativen Köstlichkeiten. Bereits auf dem Rückflug tippte er ein erstes Konzept in sein Notebook. Nach nur acht Monaten eröffnete er das ›Prinsessan‹ in Uhlenhorst. Hell und gemütlich sind die Räumlichkeiten. »Es geht mir

REGELMÄSSIGE THEMENABENDE bringen Ihnen in beiden Filialen bei einem 6-Gänge-Dessertmenü in der offenen Küche auch Weine und Käse näher.

Tipp

um Genuss. Die Desserts werden frisch in der offenen Küche zubereitet. Das dauert vielleicht einen Moment länger, aber es gehört zum Konzept. Der Gast soll entspannt genießen und nur von allerfeinster Qualität.« Aus diesem Grund wird auch das Rührei in der Pfanne frisch aufgeschlagen. Rührei aus dem Tetrapack bekommt bei Roman Witt keine Chance. Da schüttelt er sich angewidert. Das Frühstücksangebot lässt keine Wünsche offen und natürlich sind echte Prinzessinnen die Namenspaten. Entscheiden Sie sich für Victoria und Fisch, Maxima und Käse, Letizia

FAST ZU SCHADE ZUM ESSEN. DIE SÜSSEN KUNSTWERKE DES PRINSESSAN SIND EINE AUGENWEIDE.

und Wurst oder Mary, natürlich gluten- und laktosefrei. Das Besondere sind aber die Desserts, die Sie auch als Menü bestellen können. Wie wäre es mit einem flüssigen Schokoladenkuchen mit Koriander? Dazu weißes Schokoladeneis und Honigkirschen? Oder ein Pistaziensandwich auf gepfefferten Erdbeeren? Roman Witt hat bereits eine zweite Filiale eröffnet und noch große Pläne. Wenn man mit ihm einen Kaffee trinkt und seine Begeisterung erlebt, dann darf man ihm noch einiges zutrauen.

»Willst noch mit, Mudder? Letzte Fahrt heude!«, brüllt mir ein älterer Mitarbeiter einer Barkassenflotte an den Landungsbrücken entgegen. So charmant will er mich für eine Hafenrundfahrt begeistern. Doch bevor ich mich ärgern kann, springt mein dreijähriger Sohn ein. »Die heißt nicht Mudder, das ist meine Mami.« Der Ton im Hafen ist nun mal etwas rauer, aber deshalb ist es nicht unbedingt unfreundlich gemeint.

KLEINE KREUZFAHRT AUF EINER BARKASSE

Kapitän Michael begrüßt uns an Bord der ›Gebr. Wriede 1‹. Wir sollen die Fahrt genießen und uns auch bei etwas Wellengang keine Sorgen machen. Die Barkasse sei 1922 aus dem Reststahl der Titanic erbaut worden und unsinkbar. Zum Glück glaubt niemand das Seemannsgarn, denn zum Aussteigen ist es zu spät. Wir sind bereits unterwegs in die Speicherstadt. Tee, Kaffee, Kakao und vieles mehr wird und wurde hier gelagert. Natürlich auch Pfeffer. Die reichen Kaufleute bekamen den Titel Pfeffersäcke und so heißen sie noch. Gehandelt wird auch mit Teppichen aus dem Orient. Wir erfahren, dass in der Speicherstadt Teppiche im Wert von 750 Millionen Euro lagern. Leider gehören die Teppiche nicht der Stadt, denn damit wäre die Elbphilharmonie zu bezahlen. Der zukünftige Prachtbau schluckt Steuergelder wie ein durstiger Hafenarbeiter sein Feierabendbier. Über 300 Millionen hat sie bereits verschlungen und sie ist gerade mal halb fertig. Unser Skipper erklärt uns begeistert, dass sie aber größer und schöner sein wird als die Schwimmoper in Sydney. Es geht in den Containerhafen. Weniger schick, aber viel wichtiger. Wir schippern ins Herz der Stadt. Auch für uns Hamburger ist es immer wieder beeindruckend, den Docks und Containerschiffen so nahe zu kommen. Unsere Barkasse ist für 108 Personen zugelassen, aber neben einem der Frachter hat man das Gefühl in einer Nussschale zu sitzen. Kapitän Michael gibt noch die eine oder andere Anekdote zum Besten, bevor wir wieder die Landungsbrücken ansteuern und gut gelaunt Festland betreten.

> **Tipp**
>
> Für Touristen ein Muss, aber auch die Hamburger sollten sich ihre schöne Stadt ab und an VON DER WASSERSEITE ANSCHAUEN.

> DIE QUEEN MARY 2 – WELTGRÖSSTER TRANSATLANIKLINER – AM NEUEN CRUISE TERMINAL. DIE HAFEN CITY BEEINDRUCKT AUCH VON DER WASSERSEITE.

INTERNATIONALES MARITIMES MUSEUM /// **KOREASTRASSE 1** ///
20457 HAMBURG /// **0 40 / 30 09 23 00** ///
WWW.INTERNATIONALES-MARITIMES-MUSEUM.DE ///

Kronkorken, Puppen, Bierdeckel, Plüschtiere … Gehören Sie zu den Menschen, die etwas sammeln? Oder geht ihr Partner diesem Hobby nach? Dann kennen Sie ja vollgestopfte Regale und Vitrinen. Ich möchte Ihnen die Sammlung eines Mannes vorstellen, die jeden Rahmen sprengt. Sie sollten sich bequeme Schuhe anziehen, denn Sie werden viel laufen und einige Treppen steigen müssen. Am Ende werden Sie aber fast alles über Schiffe und die Geschichte der Seefahrt wissen.

VOM EINBAUM BIS ZUM LUXUSLINER

Bereits als Junge war Peter Tamm fasziniert von Schiffen und sammelte Modelle. Der ehemalige Vorstandsvorsitzende des Axel-Springer-Verlages trug im Laufe der Jahre Tausende Exponate zusammen. Aus seiner Sammelleidenschaft wurde die weltweit größte maritime Privatsammlung. Seit 2008 darf diese von jedem bewundert werden. Im komplett sanierten historischen Kaispeicher B in der HafenCity ist die Ausstellung zu Hause. Gleich

> Starten Sie am Museum Ihre Hafenrundfahrt mit der **MARITI-MEN CIRCLE LINE**. An acht Stationen können Sie aussteigen und Sehenswürdigkeiten besuchen.

Tipp

im Eingangsbereich glänzen besonders Kinderaugen. So viel Lego! Tatsächlich hat jemand die Queen Mary 2 aus 780.000 kleinen Plastiksteinen nachgebaut. 870 Kilo wiegt das Modell. In der begehbaren Werkstatt nebenan basteln zwei ältere Herren an Schiffsmodellen. Die Cutty Sark liegt auf dem Tisch. Ich bin begeistert, schließlich habe ich mir das Schiff 1994 in London angesehen. »Die ist ja abgebrannt. Wird aber restauriert«, klärt mich der Mann auf. Seine Augen blitzen, als er mir begeistert über die alten Segler erzählt. »Wie bei einem Teleskop konnte die Segelfläche vergrößert werden. Die Segler mussten ja alle

DIE QUEEN MARY 2 AUS LEGOSTEINEN

um das Kap der Guten Hoffnung. Im Suezkanal weht ja kein Wind.« Auf den neun Ebenen werden Sie jede Menge über die Seefahrt erfahren. Sie dürfen auch durch ein Periskop schauen und selbst mal navigieren. Das Museum präsentiert neben Schiffsmodellen jeder Art in den verschiedensten Maßstäben auch einen 1350 Jahre alten Einbaum. Außerdem können Bilder, kostbare Kleinode, alte Waffen, Uniformen und viel mehr ausgiebig bestaunt werden.

Hunderte Schiffe gaben sich die Ehre auf dem 822. Hafenge-
burtstag im Jahr 2011. Darunter fünf schöne Großsegler und fünf
Kreuzfahrtschiffe. 1,5 Millionen Gäste feierten bei bestem Wetter und bestaunten unter anderem zwei Attraktionen. Mit der
›Sedov‹ und der ›Queen Mary 2‹ waren der größte Windjammer
und der drittgrößte Luxusliner der Welt zu sehen. Der Hamburger Hafen ist etwas ganz Besonderes. Warum er der drittgrößte
Europas ist, obwohl er gar nicht am Meer liegt, will ich Ihnen
gerne vertellen.

DAS HERZ DER STADT

Am 25. Mai 1881 schloss sich die Hansestadt dem Reichszollgebiet an.
Die Verhandlungen sollen damals schwierig gewesen sein, denn Hamburg
beharrte auf einer Kleinigkeit. Die Stadt wollte ihren Freihafen behalten.

Noch immer hat der Deal von einst Bestand. Der Freihafen ist Zoll-
ausland und dadurch sehr attraktiv. Anders als in anderen Häfen muss die
Ladung nach dem Löschen nicht so-
fort verzollt werden. Erst wenn die
Fracht an den Kunden geht, wird
der Zoll fällig. Wen wundert es,
dass sich die Container stapeln wie
die Legosteine im Kinderzimmer
wohlhabender Knirpse? Zum Glück
ist genug Platz. Allein das Gebiet

Tipp

Vor hundert Jahren wurde der
alte Elbtunnel gebaut, damit
tausende von Werft- und Hafen-
arbeitern pünktlich zur Schicht
kamen. Sie können ihn noch
immer auch **ZU FUSS ERKUNDEN**.

des Freihafens nimmt eine Fläche von 14,6 Quadratkilometern ein. Das
Fürstentum Monaco würde gleich 7,5-mal hineinpassen. Beeindruckend,
aber der Freihafen nimmt nur ein Fünftel des gesamten Hafengebiets in
Anspruch. Erfahren Sie mehr über die Container-Terminals Burchardkai
und Altenwerder im Freihafen und machen Sie eine Bustour. Nur so gelangen Sie auf die Anlage. Ausweis nicht vergessen! Von einer Hafenbar-

**DA LACHT DIE AIDA UND
GENIESST IHRE KUR IN
DER WERFT.**

kasse können Sie einen Blick in einige Werften
werfen. Milliardär Roman Abramowitsch ließ
bei Bloom + Voss seine ›Eclipse‹ bauen, angeblich für schmale 340 Millionen Euro. Im größten
Trockendock Europas ›Elbe 17‹ werden unter anderem Luxusliner über-
holt. Trockendock? Stellen Sie sich einfach vor, Sie lassen das Spielzeug-
boot Ihres Sohnes im Waschbecken dümpeln, stützen es dann mit zwei
Kaffeebechern ab und ziehen den Stöpsel. So ähnlich wird dort gearbeitet,
allerdings in anderen Dimensionen.

TOWER BAR /// SEEWARTENSTRASSE 9 /// 20459 HAMBURG ///
0 40 / 31 11 37 04 50 /// WWW.HOTEL-HAFEN-HAMBURG.DE ///

»Weg mit dem fixen Problem, ich will mehr Schiffsverkehr ...«, singt Herbert Grönemeyer. Ich wüsste da einen Platz, an dem man wunderbar Schiffe gucken kann. Oberhalb der St. Pauli Landungsbrücken liegt das Hotel Hafen Hamburg mit der außergewöhnlichen Tower Bar. Kleinere Probleme lassen sich bei einem schönen Cocktail mit großartigem Elb- und Hafenblick zumindest für kurze Zeit vergessen.

VOM SEEMANNSHEIM ZUM 4-STERNE-HOTEL

Schon vor fast 150 Jahren konnten Gäste an dieser Stelle auf die Elbe blicken. Allerdings waren die Bewohner auf Zeit nicht wohlhabend, es gab keine bunten Cocktails und ›Schiffe gucken‹ hatte eine existenzielle Bedeutung. Das Gebäude war ursprünglich ein Seemannsheim. Wenn die Seeleute im Hamburger Hafen von Bord gingen, mussten sie ja irgendwo wohnen, bis sie das nächste Schiff bestiegen. Da mit der Heuer eines einfachen Seemannes keine großen Sprünge zu machen waren, durfte die Unterkunft nicht viel kosten. 1864 wurde das Seemannsheim oberhalb der Landungsbrücken eröffnet. Für wenig Geld gab es eine einfache Bleibe. Seit 1979 können Touristen und Geschäftsreisende hier im Hotel Hafen Hamburg nächtigen und den Blick über den Hafen schweifen lassen. Das Hotel wurde im Laufe der Jahre immer wieder erweitert, doch das Ursprungsgebäude ist noch gut zu erkennen. Es wird heute von der verglasten Elbkuppel gekrönt. Der Turm, in dessen oberen Stockwerken die Bar beheimatet ist, wurde erst 1987 fertiggestellt. In der elften Etage angekommen, werden Sie freundlich in Empfang genommen. Keine Sorge, der Türsteher ist nicht streng, der Dresscode locker und das Publikum sehr gemischt. Sie können am

Tipp

Zwischen 18 und 19 Uhr ist **TÄGLICH HAPPY HOUR**. Die wunderbaren Cocktails sind dann schon ab 5,50 Euro zu haben. Reservieren Sie sich frühzeitig einen Tisch.

DAS HOTEL MIT DEM GLÄSERNEN DACHGESCHOSS UND DER TOWER BAR IN DER PYRAMIDE

Tresen oder in einer der beiden Ecknischen mit Fenstern sitzen. Eine Treppe höher geht es in die offene Galerie. Hier darf geraucht werden. Genießen Sie einen ›Tower Bar Sundowner‹ bei Sonnenuntergang in 62 Metern Höhe und mit sensationellem 360-Grad-Rundblick auf die Hansestadt.

Schiffe begeistern. Superreiche legen sich Jachten im dreistelligen Millionenbereich zu, nur um sich ein bisschen freier zu fühlen. Anderen reicht dafür auch 'ne Jolle. Ohne Schiffe hätte man die Welt nicht entdeckt. Und ohne Seehandel wäre Hamburg nicht Hamburg. Heute begrüßen wir Luxusliner und beeindruckende Containerriesen. Auch einige der schönen alten Schiffe können bestaunt werden. Ich hätte da einen Vorschlag, wie Sie von Schiff zu Schiff kommen. Über Land und auf dem Wasser.

GEHEN SIE AN BORD!

Im City Sporthafen liegt das 1952 gebaute Feuerschiff. Heute ist es ein kleines Hotel mit Restaurant. Bei schönstem Blick können Sie sich noch mal stärken, bevor Sie die Museumsschiffe entern. An der Überseebrücke liegt die Cap San Diego, das größte seetüchtige Museums-Frachtschiff der Welt. Ende 1961 wurde das Schiff in Hamburg fertiggestellt. Bis zu ihrem Verkauf 20 Jahre später steuerte die Cap San Diego im Liniendienst Südamerika an. Die Reeder wechselten und bereits 1986 sollte der Frachter, umgetauft auf den Namen Sangria, verschrottet werden. Die Hansestadt rettete es in letzter Sekunde. Heute steht das Schiff unter Denkmalschutz. Vom Maschinenraum bis zur Kommandobrücke kann es genau inspiziert werden. Die Dauerausstellung ›Ein Koffer voller Hoffnung‹ bringt Ihnen das Schicksal der Auswanderer näher. Ab und an legt das Schiff zu speziellen Fahrten auch ab. In Sichtweite liegt die Rickmer Rickmers. Fast 100 Meter lang ist der 1896 gebaute Großsegler, der einst Asien und Afrika ansteuerte. Im Jahre 1916 wurde er von den Portugiesen beschlagnahmt und an die Engländer übergeben. Nach dem Krieg bekam Portugal den Segler zurück. Die Marine nutzte ihn bis 1962 als Schulschiff. Der ehemals stolze Großsegler endete als Depotschiff und verrottete langsam. Es gelang, den Segler zurück nach Hamburg zu holen. Nach aufwendigen Restaurierungsarbeiten kann das Schiff seit 1987 besichtigt werden. Noch mehr Schiffchen dümpeln flussabwärts. Sie müssen an den Landungsbrücken nur in die HVV Fähre 62 einsteigen. Zum Bustarif geht es über die Elbe direkt nach Övelgönne. Unter anderem freut sich die Crew des Eisbrechers Stettin auf Ihren Besuch. Das Restaurantschiff Bergedorf liegt mir besonders am Herzen. Auf der ehemaligen Fähre habe ich meine Hochzeit gefeiert.

> **Tipp**
>
> Die Cap San Diego hat auch einige **GÄSTEKABINEN IM ORIGINALEN LOOK** der 1960er-Jahre.

DAS ROTE FEUERSCHIFF WAR EINST EIN MOBILER LEUCHTTURM.

VEREIN ALSTERDAMPFSCHIFFAHRT E. V. /// MARIA-LOUISEN-STRASSE 35 ///
22301 HAMBURG /// 0 40 / 79 20 48 33 /// WWW.ALSTERDAMPFER.DE ///

Wie die weißen Schwäne gehören auch die Schiffe der weißen Flotte zum Alsterbild. Das schönste Schiff ist der Dampfer St. Georg des Vereins Alsterdampfschiffahrt e. V. Eine Alsterrundfahrt ist viel zu kurz, die Reise des ältesten erhaltenen Dampfschiffs um so länger. Schade, dass es nicht sprechen kann, denn es ist ganz schön herumgekommen und hat viel erlebt in den letzten 134 Jahren.

NOSTALGISCHE MOMENTE – EIN DAMPFSCHIFF MIT SEELE

»Volldampf voraus!«, brüllte der Schiffsführer beim Ablegen. Keine Show, sondern ein Kommando an den Maschinisten unter Deck. Der Schiffsführer hat nur das schöne Lenkrad unter Kontrolle, wie schnell vor- oder rückwärts gefahren wird, regelt der Mann im Maschinenraum. Blind muss er den Anweisungen folgen und die kommen nicht über Funk, sondern wie einst über ein Sprachrohr. Während wir uns an Bord ein gemütliches Plätzchen suchen, manövriert die drei Mann starke Besatzung den Dampfer vom Anlegeplatz.

> Entscheiden Sie sich für die zweistündige **HISTORISCHE ALSTER-KANAL-FAHRT**, blicken Sie in die Gärten wunderschöner Häuser und erfahren so einiges.

Tipp

Auf der Alster treiben Eisschollen und die Kanäle sind so vereist, dass die meisten heute nicht befahren werden können. Wir schippern auf der Außenalster Richtung Uhlenhorst. »Sie haben es aber kuschelig hier«, freue ich mich, als ich den kleinen Maschinenraum besichtige. »Ja, 35 Grad«, sagt der Maschinist und zeigt auf ein Thermometer. »Im Sommer sind es hier unten 65 Grad. Da hilft nur viel trinken«, meint er trocken. 1876 wurde der Dampfer gebaut, Falke getauft und 63 Jahre lang im Liniendienst eingesetzt. 1911 wurde er umgebaut und in Galatea umgetauft. Die Hochbau AG übernahm das

DAS DAMPFSCHIFF ST. GEORG VON 1876

Schiff acht Jahre später und benannte es 1936 in St. Georg um. Nach dem Krieg fuhr es als Motorschiff unter den Namen Deutschland und Planet auf der Havel und dem Wannsee in Berlin. 1988 drohte die Verschrottung. Der eilig gegründete Verein rettete das Schiff und ließ es in Dresden verjüngen. Im originalen Look der 30er-Jahre und mit einer Dampfmaschine fährt die St. Georg seit 1994 wieder auf der Alster.

Ob als Hamburger oder als Tourist beim Spaziergang um die Alster oder entlang ihrer Kanäle, man ist beeindruckt von so mancher Villa. Die meisten sieht man nur von vorn. Es gibt aber eine Möglichkeit, in die Gärten zu schauen. Rudern, paddeln oder treten Sie sich als eigener Kapitän durch die Fleete. Sehen Sie die Villen und Gärten vom Wasser aus und nehmen Sie sich ein Picknick mit.

ALSTER AHOI! AUF ZU SCHÖNEN UFERN

Hamburg wäre nicht so einzigartig, wenn es die Alster nicht geben würde. Mitten in der Stadt kann an Bord gegangen werden. Bei gutem Wind zieren unzählige Segel das Gewässer. Rhythmisches Trommeln kündigt ein Drachenboot an. Ruderer trainieren hier. Und auch für Freizeitkapitäne ist genug Platz. Die Außenalster ist etwa 164 Hektar groß. Sie fließt im Süden in die deutlich kleinere Binnenalster, die mit ihrer Alsterfontäne die Innenstadt ziert. Die Alster ist eigentlich kein See, sondern ein Fluss. Ihre Quelle befindet sich rund 30 Kilometer nördlich von Hamburg. Die Existenz des heutigen Binnensees verdanken wir einem folgenschweren Berechnungsfehler im Jahr 1235. Beim Dammbau für eine Kornmühle kam es zu einer großen Überschwemmung. Wer immer der arme Kerl war, der da ein paar Zahlen verdreht hatte, wir danken ihm posthum, weil er Hamburg unfreiwillig dieses wunderschöne Geschenk gemacht hat. Und nicht nur die Bewohner dieser Stadt sind gern mit dem Bötchen unterwegs. Touristen sollten unbedingt Zeit für eine Tour einplanen. Es spielt keine Rolle, ob Sie sich für ein Ruderboot, ein Kanu oder ein Tretboot entscheiden. Es ist auch egal, an welchem der Bootsverleiher rund um die Alster Sie zu Ihrem Schiff kommen. Sie dürfen nur eines nicht: auf der Alster bleiben. Biegen Sie in die Fleete ab und bestaunen Sie die Häuser von der Wasserseite. Schippern Sie in den Feenteich. Wunderschöne Villen zeigen ihre Rückseite. Auch eine besondere, das Gästehaus des Senats. Hier haben schon der Dalai Lama, Queen Elisabeth und weitere Staatsgäste genächtigt. Weiter schippern! Es gibt noch viel zu sehen.

> **Tipp**
>
> Picknick vergessen? Kein Problem. Am Anleger des Restaurants Goldfisch können Sie sich einen **LUXUSPICKNICKKORB** mitgeben lassen.

ENDECKEN SIE DEN GROSSSTADT-AMAZONAS – DIE ALSTERKANÄLE.

OPEN R

FREILICHTBÜHNE STADTPARK /// SAARLANDSTRASSE 71 /// 22303 HAMBURG ///
TICKET-HOTLINE 0 40 / 4 13 22 60 /// WWW.KARSTEN-JAHNKE.DE ///

Bereits 1904 wurden im Stadtpark Konzerte unter freiem Himmel veranstaltet. Bis 1974 eine echte Bühne gebaut wurde, schützte eine gewaltige Ulme die Künstler vor Regen. Die Bühne wurde immer wieder umgebaut, die Qualität der Künstler ist von Bestand. Es ist ein ganz besonders Erlebnis, ein Konzert im Stadtpark zu erleben. Bis zu 4.000 Musikbegeisterte feiern Open Air ihre Helden. Das rockt!

WELTSTARS ZUM GREIFEN NAH! STADTPARK OPEN AIR

»Hamburg Meine Perle, Du wunderschöne Stadt …« Wenn Lotto King Karl die heimliche Hymne singt, bleibt selbst bei den ganz harten Kerlen kein Auge trocken. Und das regelmäßig. Lotto ist Stadionsprecher des HSV und sein Lied gibt nicht nur der Mannschaft Kraft. Kein Weltstar schafft es, die O_2 Arena an zwei aufeinanderfolgenden Abenden zu füllen. Lotto schon! Im Stadtpark muss er mit seiner Band, den Barmbeker Dreamboys, aufgrund der hohen Nachfrage schon seit Jahren an zwei Abenden auftreten. Die Hamburger feiern ihren loka-

> Touristen sollten sich unbedingt informieren, ob während ihres Aufenthalts im Stadtpark gerockt wird und **SCHNELL TICKETS BUCHEN**.

Tipp

len Helden gern, lassen sich aber auch von den Weltstars begeistern. Depeche Mode rockte hier das erste Deutschlandkonzert seit mehr als 25 Jahren. Und auch Neil Young, Billy Idol, Lenny Kravitz, Joe Cocker, Van Morrison, Santana, The Cure, Paul Simon, Supertramp, Bob Dylan, Jamiroquai, Toto, Pet Shop Boys, James Morrison, Mando Diao, The Who, Peter Gabriel, Sting, Avril Lavigne, Seal, Peter Maffay, Herbert Grönemeyer, Bushido und Jan Delay hatten auf dieser besonderen Bühne Spaß. Die Stimmung ist immer sehr entspannt. Und wenn die Sonne untergeht, fühlt man sich bei den Klängen des Orquesta Buena Vista Social Club irgendwie weit weg.

DIE SONNE GEHT UNTER UND DIE STIMMUNG STEIGT.

Hamburg kann auch Havanna sein. 2010 waren Reamonn, Ina Müller, Nas & Damian Marley, Solomon Burke und Joss Stone, Queens of The Stone Age, Milow und die wiedervercinten The Pogues zu Gast. Die Highlights der Saison waren Jamie Cullum und Gossip. Im Spätsommer 2011 wird Joe Cocker erwartet. »You can leave your hat on.« Hoffentlich den Sonnenhut und nicht den Südwester.

Es gibt viele Geschäfte, die Bücher verkaufen. Es gibt aber auch Buchhändler, die Ihnen Bücher ans Herz legen. Bei stories! lädt man Sie sogar zum Abendbrot ein. Und während Sie Schnittchen essen und dazu einen wunderbaren Wein genießen, stellen Ihnen die lesebegeisterten Mitarbeiter in fröhlicher Runde Bücher vor, die ihnen persönlich besonders gefallen haben.

DAS ABENDBROT DER LESERATTEN

Heute lädt die Buchhandlung stories! wieder zum Abendbrot ein. Überpünktlich haben sich alle eingefunden, um sich einen Platz am großen Lesetisch zu reservieren. Mit einem Glas Wein in der Hand wird schon mal gestöbert. In dieser Buchhandlung darf man nicht nur alles anfassen, man soll es sogar. »Sicher gibt es einen Trend zu E-Books«, meint ein Mitarbeiter der Buchhandlung. »Ich habe letztens fünf Bücher zu einem Paristrip mitgeschleppt. Mir war klar, dass ich höchstens zwei lesen werde, aber ich wusste nicht, auf welche ich Lust habe. Da wäre ein Reader sicher sinnvoll gewesen. Aber ich will Bücher anfassen können, ich will sie zu Hause im Regal haben.« Leidenschaftliche Leseratten sind alle, die heute Abend im Wechsel ihre Favoriten vorstellen. Doch vorher werden Teller mit belegten Broten verteilt und es wird begeistert zugegriffen. In zwei Stunden werden an diesem Abend Sachbücher, Romane und Kinderbücher vorgestellt. Dazu ein besonderes Kochbuch und eine DVD. In einer Pause werden auch die Gläser wieder nachgeschenkt. Bei den Lunch-Events lesen professionelle Schauspieler und die hausgemachte Suppe macht die Mittagspause zu einem Erlebnis. Natürlich finden auch regelmäßig Autorenlesungen statt. Die Gestaltung des Ladens lädt zum Verweilen ein. Auf 175 Quadratmetern werden 800 Titel wie Bilder in einer Ausstellung präsentiert. Auf Tischen und in Regalen finden sich weitere Bücher. An der großen Kaffeebar können Sie zu Geschäftszeiten Latte Macchiato oder Cappuccino für 1,50 Euro genießen. Sie müssen auch nichts kaufen, aber gucken sollten Sie.

> **Tipp**
>
> stories! gibt es auch für unterwegs – in Form einer **KOSTENLOSEN APP**. An relevanten Orten können Sie sich Lieblingsbücher empfehlen lassen.

> **SEHR UNTERHALTSAM WERDEN NEUE TITEL VORGESTELLT ODER VON AUTOREN GELESEN.**

BAR SÁVANH UND ALPHA NOBLE ICE BAR /// NEUMÜHLEN 11 ///
22763 HAMBURG ///

Gleich zwei spektakuläre Bars befinden sich an dieser Adresse. In der Bar SáVanh können Sie im Angesicht Buddhas in stilvollem Ambiente Cocktails genießen und auf der Sonnenterrasse bei leckeren Kleinigkeiten von ihrem nächsten Südostasienurlaub träumen. Dort ist es Ihnen zu heiß? Dann kühlen Sie sich doch ein bisschen ab. In der Alpha Noble Ice Bar bei minus fünf Grad.

DER CHARME INDOCHINAS UND EISIGE STIMMUNG

Drei Dinge fallen nach dem Betreten der Bar SáVanh besonders auf – die riesigen Kronleuchter, der schöne Elbblick und das ausgesprochen freundliche Personal um Barchef Norbert Ansorge. Die Bar wirkt in der lila Lichtstimmung sehr elegant. Schwarze Ledersofas, pink leuchtende Tische, große Buddhaköpfe und mannshohe Statuen stimmen auf die Barkarte ein. Die Thai Colada hat einen Hauch von Sternanis und Thaibasilikum. Natürlich bietet das SáVanh auch klassische Cocktails und mehr an. Die köstlichen Snacks orientieren sich an der feinen Küche Vietnams, Laos' und Kambodschas. Garnelen in Reispapier oder gefüllte Röllchen mit Ente und Mango. Bei schönem Wetter ist die Sonnenterrasse geöffnet. In den gemütlichen Loungemöbeln könnte man leicht Stunden verbringen. Wenn es nach Zitronengras und Koriander duftet, wird die Elbe gefühlt zum Mekong. Wer da ins Schwitzen kommt, kann sich schnell wieder abkühlen. In der Alpha Noble Ice Bar versorgen Sie Ricko Schmitz und seine Mannschaft bei frostigen minus fünf Grad mit Wodkavariationen. Für die einzige Eisbar Deutschland mussten vor der Eröffnung im Jahr 2006 42 Tonnen des kalten Baumaterials herangeschafft und zu Barelementen und kunstvollen Skulpturen umgestaltet werden. Ein faszinierendes Farb- und Lichtkonzept zaubert eine besondere Stimmung. Für 14 Euro können sie sich an die eisige Theke setzen. Eine warme Leihjacke und ein Gläschen Wodka sind im Preis enthalten. Sie sollten telefonisch reservieren.

> **Tipp**
>
> In der Bar SáVanh heizen freitags und samstags ab 22 Uhr DJs den **PARTYFANS** ordentlich ein. Wer es lieber ruhiger mag, sollte am frühen Abend kommen.

GESCHMACKVOLLES AMBIENTE IN DER BAR SÁVANH

Holger Kraus hat eine große Leidenschaft: Er liebt Filme und sammelt sie seit 22 Jahren. Über 2.000 stehen bei ihm im Regal. Vor fünf Jahren hat er aus seiner Passion einen Beruf gemacht. Er organisiert und veranstaltet Kinoerlebnisse der besonderen Art. ›Flexibles Flimmern‹ zeigt Filme an wechselnden Orten, die das Thema unterstreichen und eine ganz besondere Atmosphäre schaffen. ›Der Glöckner von Notre Dame‹ ist ein bisschen unheimlicher, wenn man ihn im Turm der Hauptkirche St. Katharinen sieht.

MITTEN IM FILM

Gezeigt wird heute das Drama ›Casino‹ von Oscarpreisträger Scorsese aus dem Jahr 1995. Holger Kraus macht es möglich, dass wir den Film nicht nur sehen, sondern diesen in einer besonderen Umgebung erleben können. Wir sind mittendrin in der Welt des Glücksspiels. Treffpunkt ist die Bar der Spielbank Esplanade, die heute wie im Film ›Tangiers Casino‹ heißt. Die Fans des besonderen Kinoevents, Flimmerer genannt, haben sich alle an den Dresscode gehalten. Viele kennen sich bereits, denn die ständig wachsende Gemeinde hat bereits 500 Stammgäste. Holger Kraus hat eine kleine Karte mit Getränken und Speisen zusammengestellt. Ausnahmsweise darf man heute an der Theke essen. Ein ›La Cosa Nostra‹-Pastramisandwich mit Salsa Verde zum Beispiel. Die Eiswürfel klirren leise im ›Ginger‹-Martini Cocktail. Das Klingeln und Piepen der 140 Glücksspielautomaten erfüllt den Raum. Ab und zu spuckt einer Münzen aus. Wir sind gefühlt bereits in Las Vegas. Es bleibt noch etwas Zeit. Im ersten Stock heißt es: Faites vos jeux. Machen Sie Ihr Spiel. Black Jack, Poker und Roulette. Jetons fliegen über die 18 Tische. In atemberaubender Geschwindigkeit wird gewonnen und verloren. Um 21 Uhr geht es zur Filmvorführung in den schönen Spiegelsaal. Der Übergang ist fließend. In Casinostimmung leben und leiden wir mit Robert de Niro und Sharon Stone. Den großartigen Film verdanken wir Martin Scorsese, das Gefühl fast ein Teil der Story zu sein Holger Kraus.

Tipp

Newsletter anfordern und schnell Tickets buchen! Die Veranstaltungen sind sehr beliebt, die Plätze begrenzt und DIE GEMEINDE DER FLIMMERER WÄCHST WEITER.

BEIM FLEXIBLEN FLIMMERN RIECHEN UND SCHMECKEN SIE DEN FILM SOGAR.

EAST HOTEL /// SIMONE-VON-UTRECHT-STRASSE 31 /// 20359 HAMBURG ///
0 40 / 30 99 30 /// WWW.EAST-HAMBURG.DE ///

Im Jahre 2004 eröffnete das EAST Hotel unweit der Reeperbahn. Die entkernten Räumlichkeiten und die schöne Back-
steinfassade einer alten Eisengießerei wurden in den Neubau
integriert. Design, Konzept und Küche wurden mehrfach ausgezeichnet. Barkeeper Richard Dührkohp darf sich sogar als
bester Deutschlands bezeichnen. Probieren Sie doch mal eine
seiner Kreationen. In gleich drei sehr verschiedenen Bars und
Lounges findet garantiert jeder seinen Lieblingsplatz.

DESIGN AUF ST. PAULI

Das Haus verwöhnt Ihre Augen an jeder Ecke mit tollem Design. Von
den Möbeln bis zur Beleuchtung ist alles perfekt aufeinander abge-
stimmt. Die knallroten geschwungenen Sofalandschaften in der Smirnoff Lounge sind der ideale Platz, sich selbst in Szene zu setzen und mal
zu schauen, wer denn so guckt. Ein bisschen vernebelt könnte der Blick
aber sein. Das liegt erst in zweiter
Linie an dem vielseitigen Angebot
an Cocktails und Drinks. In der
Lounge darf geraucht werden. Da
freuen sich alle, die es mittlerweile gewohnt sind, zwischendurch
bei Wind und Wetter vor der Tür
stehen zu müssen, um ihrem Laster

Tipp

Wenn Sie eher auf Frischluft
stehen, sollten Sie das **DEDON IS-
LAND** im Innenhof besuchen. Der
Gewinnercocktail ›Frozen White
Berry‹ wird Ihnen in Yakshi's
Bar gemixt.

zu frönen. Es sei ihnen gegönnt. Rauchfreie Plätze gibt es schließlich
genug. Die Getränkekarte ist beeindruckend. Allein über 30 verschiedene Martinikreationen sind im Angebot. Die Liste der Cocktails ist lang
und beinhaltet auch heiße Varianten. Wenn Sie in der Bar etwas Heiße-
res als ihre aktuelle Begleitperson erblickt haben, finden Sie im ›EAST
Barkeeper's Specials‹ eine Lösung. Bestellen Sie ihrem Anhang ›The
original Dr. Joseph's Knockout‹. Zehn Sorten Rum, Tequila, Wodka,
Apricot Brandy, Grenadine und verschiedene Säfte sorgen dafür, dass
Ihre Begleitung nach dem Genuss
schnell nach Hause möchte. Rufen
Sie ihr ein Taxi und flirten Sie los.

**EINE ALTE EISENGIESSEREI WURDE
INS DESIGNHOTEL INTEGRIERT.**

Ihre neue Eroberung können Sie bis spät in die Nacht auch mit leckeren Snacks verwöhnen. Bei Sushi, Thai Caesar Salat, Käse und mehr
müssen Sie sich dann überlegen, ob Sie das große Los schon gezogen
haben oder lieber einen weiteren ›The original Dr. Joseph's Knockout‹
bestellen sollten.

Wenn ›Hells Bells‹ von AC/DC aus den Lautsprechern dröhnt, dann ist es endlich wieder so weit. Die Mannschaften laufen ein, die Fahnen flattern und die Hoffnung der Fußballfans ist groß. Jubel und Vorfreude auf ein spannendes Heimspiel am Millerntor. Die Fans feiern und leiden mit ihren Jungs, als wären sie ein Teil des Kaders. Tapfer begleiteten sie in der letzten Saison Aufstieg und Fall des FC St. Pauli.

LIEBE IM ZEICHEN DES TOTENKOPFS

Was für eine Saison! Selbst für gemäßigte Fans der Mannschaft war der Fußballthriller kaum zum Aushalten. Es fing alles so gut an. Zum 100. Geburtstag des Vereins ist das Wunder geschehen. Der FC St. Pauli ist aufgestiegen. Eigentlich ist der HSV das Team, das in der ersten Liga einen Namen hat, aber die Truppe von Holger Stanislawski, Stani genannt, ist die Mannschaft der Herzen. Alles lief bestens. Es gelang der Mannschaft sogar nach 33 Jahren den großen HSV im spannenden Derby zu besiegen. Was konnte da noch schiefgehen? So ziemlich alles. Bei den weiteren Spielen brüllten sich die Ultras umsonst die Kehle aus dem Hals und den gemäßigten Fans blieb vor Fassungslosigkeit die Bratwurst im Halse stecken. Es hockten sogar Tauben auf dem Platz und pickten ungestört im Rasen. So verlassen war der gegnerische Strafraum. Der Trainer zog Konsequenzen und kündigte unter Tränen seinen Abschied an. Ausgerechnet die Bayern zerstörten auch den letzten Funken Hoffnung. Mit 1:8 Toren wurde der FC St. Pauli zurück in die zweite Liga katapultiert. Manch ein enttäuschter Fan verließ bereits vor Ende das Stadion.

> Ausverkauft? Verfolgen Sie das Spiel in einer **FUSSBALLKNEIPE** auf St. Pauli.

Tipp

EINMARSCH DER GLADIATOREN – AUF TORE HOFFEND

Andere standen bestürzt da, weinten oder machten ihrem Ärger lautstark Luft. Das Spiel ist aus, der Traum geplatzt. Jedes Spiel am Millerntor hat seine Höhen und Tiefen. Und immer ist es ein Erlebnis mit Herz und Leidenschaft, weil der Club und seine Fans einfach etwas Besonderes sind. Die Tränen werden trocknen und in der nächsten Saison werden Mannschaft und Fans wieder alles geben. Viva zweite Liga!

StadtRAD HAMBURG

040 82218810-0

9314

Das Wetter ist schön, der Himmel blau, das nächste Ziel aber zu Fuß zu weit weg. Und schon geht es wieder unter die Erde. Für Touristen ist die U-Bahn das einfachste Fortbewegungsmittel. Die Zeit ist knapp, wenn man nur ein Wochenende hat und möglichst viel sehen möchte. Erleben Sie doch mehr. Fahren Sie mit dem Fahrrad. Endecken Sie Stadtviertel überirdisch, anstatt unter ihnen durchzubrausen.

MIT DEM ROTEN RAD INS BLAUE

Die Hamburger sind gern mit dem Fahrrad unterwegs. Auf zwei Rädern lässt sich die Stadt auf eine ganz besondere Art entdecken. An der frischen Luft und auf kleinen Straßen, die man selbst mit dem Bus nie entlangfahren würde, kommt man an schönen Häusern und Kanälen entlang. Sie bestimmen den Ort für eine Erfrischung. Kleine Cafés und spannende Geschäfte gibt es auch in Winterhude, Eppendorf, Altona oder im Grindelviertel. Jeder kann in den Genuss seiner persönlichen Radtour kommen. 1.100 Fahrräder stehen allen zur Verfügung. An 79 Stationen, 50 weitere sind geplant, können Sie sich ein knallrotes Bike unkompliziert ausleihen und es an jeder anderen wieder abgeben. Oneway sozusagen. Hamburger nutzen das Angebot selbst gern. Wann immer Sie des Laufens müde sind und die roten Räder entdecken, können Sie sich auf den Sattel schwingen. Sie brauchen nur eine EC- oder Kreditkarte. 5 Euro kostet die Anmeldung, die aber verrechnet wird. Für 12 Euro gehört Ihnen der Drahtesel 24 Stunden. Suchen Sie sich Ihr Fahrrad aus und geben Sie dessen Nummer am Terminal ein. Schon wird das Schloss automatisch geöffnet. Und los geht's. Radeln Sie durch den Stadtpark oder einmal um die Alster. Fahren Sie auf dem Elbuferweg von den Landungsbrücken bis nach Övelgönne oder Blankenese. Entdecken Sie die Speicherstadt und die neue HafenCity. Die HADAG-Fähren bringen Sie und Ihr Bike auch ans andere Elbufer. Erkunden Sie das Alte Land mit seinen Obstplantagen. Der Weg ist das Ziel und der Tag unvergessen.

> **Tipp**
>
> Erkunden Sie Hamburg auf dem Fahrradsattel. So können Sie die Stadt in Ihrem eigenen Tempo erkunden und auch ZAUBERHAFTE NEBENSTRASSEN entdecken.

3.500 MENSCHEN SIND TÄGLICH AUF DEN ROTEN RÄDERN UNTERWEGS – TENDENZ STEIGEND.

HIGHFLYER /// DEICHTORSTRASSE 1 – 2 /// 20095 HAMBURG ///
0 40 / 30 08 69 69 ///

Seit Jahren blicke ich auf den weltgrößten Fesselballon und bewundere die Menschen, die sich das antun. Nur mit einem Seil gesichert geht es ab in die Lüfte. Ich habe immer fest versichert, dass man mich nur in Vollnarkose in dieses Ding bringen könnte. Ich leide unter Höhenangst und fühle mich bereits auf einer Leiter nicht wohl. Da der HighFlyer aber in diesen Reiseführer gehört, hatte ich keine Wahl, nur richtig Angst.

MEIN PERSÖNLICHER HÖLLENTRIP IN DEN HIMMEL

Der Himmel ist blau und es ist windstill. Der perfekte Tag für den Besuch des HighFlyers. Ich bin entschlossen, es zumindest zu versuchen. Zur Verstärkung habe ich meine kleine Tochter bei mir. Mit sehr gemischten Gefühlen besteige ich die Gondel. Alle anderen Fahrgäste sind gut gelaunt. Auch meine Tochter freut sich wie verrückt und macht mir mit »Angsthase«-Rufen Mut. Jetzt geht es los und mein persönlicher Albtraum beginnt. Es wackelt. Ich mach die Augen zu und klammere mich an das Geländer. Mein siebenjähriger Psychocoach muss kichern. »Du stellst dich echt an!« Von wem hat sie diese brutale rationale Ader? Zumindest hält sie mir das Händchen. Da ich nicht weiter als totales Weichei dastehen möchte, öffne ich die Augen. Ich bin im Himmel und sehe auf mein Hamburg. Bin ich vor Angst schon gestorben? Wahrscheinlich nicht, denn alle anderen sind keine Engel, sondern begeisterte Menschen, die Fotos machen und die Aussicht aus 150 Metern Höhe genießen. Ich atme durch und versuche, mich zu entspannen. Es gelingt mir, meine verkrampften Hände vom Geländer zu lösen. Mir ist noch immer nicht ganz wohl, aber ich schaffe es, mich umzusehen. Der Blick ist überwältigend. »Und? Ist doch super, Mami! Du hast es geschafft.« Plötzlich verstehe ich, warum es einfach nur einzigartig ist, mit dem HighFlyer aufzusteigen. Man sieht nicht nur über die Stadtgrenze hinaus, man kann auch seine eigenen Grenzen überwinden.

Tipp

15 Minuten **AUSBLICK DER EXTRAKLASSE**. Sehen Sie über die Stadtgrenzen hinaus. Die Hotline informiert, ob der Ballon wetterbedingt aufsteigen kann.

DER HIGHFLYER IST EIN HIGHLIGHT. STEIGEN SIE AUF!

Ihr Handicap könnte besser sein, aber Ihnen fehlt die Zeit? Üben Sie doch in der Mittagspause. Sie müssen nicht mal die Stadt verlassen. An den Elbbrücken bietet diese einmalige Driving Range Trainingsmöglichkeiten der Extraklasse. Wenn Sie noch kein Golf spielen, sich aber für den Sport interessieren, können Sie hier einen Schläger in die Hand nehmen und in lockerer Atmosphäre auf den Ball dreschen. Zum neuen Hobby bekommen Sie gleich neue Freunde dazu.

DREI STOCKWERKE GOLF AM STADTRAND

Es gibt ein Glasfenster in der Kathedrale von Gloucester, auf dem mit etwas Fantasie ein Golfspieler zu erkennen ist. Das Fenster ist von 1340 und der Golfspieler könnte auch ein Außerirdischer sein. Fakt ist aber, das der Sport eine jahrhundertealte Tradition hat. Über 50 Millionen Menschen laufen bereits dem kleinen Ball hinterher und es werden täglich mehr. Der Sport gilt längst nicht mehr als elitär. In vielen Clubs ist die Atmosphäre locker und die karierte Hose gehört der Vergangenheit an. Hamburg zählt zu den attraktivsten Golfregionen Deutschlands. Über 50 Anlagen liegen rund um die Hansestadt. Wenn die Zeit knapp ist, können Sie auch in der Stadt den Schläger schwingen. Die Driving Range der Golf Lounge ist einzigartig. Auf drei Ebenen können Sie warm und trocken an mehr als 40 Plätzen an Ihrem Abschlag feilen. Direkt dabei, großzügige Tische, an denen Sie mit Ihren Freunden feiern und das regelmäßig angebotene Barbecue genießen können. Aber auch ernsthafteren Golfern wird einiges geboten. Als erste Anlage Europas verfügt sie über zwei TrackMan Terminals, moderne Radarsysteme, mit denen sich nicht nur die Flugbahn des kleinen Balles nachvollziehen lässt. Es lassen sich auch virtuelle Turniere spielen. Natürlich hat die Anlage ein Putting Green, einen Übungsbunker und eine Pitching Area. Verschiedene Kurse und Einzelstunden bei erfahrenen Pros helfen Ihnen, ihr Handicap zu verbessern. Im gemütlichen Lounge-Bereich mit Terrasse können Sie sich stärken und auf dem Flatscreen nicht nur die wichtigsten Golfturniere, sondern auch Fußballspiele verfolgen.

Die **PERFEKTE MITTAGSPAUSE**. Schlagen Sie einen Eimer Bälle und lassen Sie sich anschließend den Mittagstisch schmecken. Die Wochenkarte finden Sie auf der Homepage.

Tipp

ABSCHLAGEN AUF DREI ETAGEN. NICHT IN TOKIO, SONDERN IN HAMBURG.

Der durch Messegelände, Schlachthof und Millerntor-Stadion etwas isolierte Teil von St. Pauli lässt sich ein bisschen mit einem berühmten gallischen Dorf vergleichen. Man hält zusammen! Die Bewohner mussten nicht nur einmal gegen die Stadt ›kämpfen‹, denn über die Jahrzehnte gab es immer wieder Pläne, das Viertel abzureißen. Die Schlacht ist gewonnen und aus dem einst armen und je nach Sichtweise unbequemen Viertel ist etwas ganz Besonderes geworden. Das Karoviertel von heute.

VIERTEL DER INDIVIDUALISTEN, KÜNSTLER UND DESIGNER

Die Marktstube war einst das Epizentrum der Punkbewegung. Unbequeme Subkultur für viele, die das Viertel am liebsten abgerissen hätten. Zum Glück steht das Karoviertel noch und ›No Future‹ war gestern! Rund um die Marktstraße war und ist Platz für Menschen mit einer Haltung, die nicht unbedingt dem Mainstream entspricht. Die Läden öffnen nicht vor 11 Uhr. Ein Shoppingausflug startet also entspannt. Zum Glück, denn es wird so viel Tolles angeboten, dass man sich vorher mit einem guten Frühstück stärken sollte. Es locken wunderbare Cafés. Wenn es eines nicht gibt, dann Massenware. Klei-

> **Tipp**
>
> Besuchen Sie das Karoviertel nicht vor 11 Uhr. **KREATIVE MENSCHEN LIEBEN DIE NACHT** und darum öffnen manche Läden erst mittags.

ne Geschäfte mit ganz originellen Dingen und einer freundlichen Lässigkeit machen Spaß. In diesem künstlerischen Teil der Stadt ist die Dichte an Designerläden hoch. Anna Fuchs ist hier zuhause und international bereits bekannt. Claudia Schiffer zeigte Mode von ›Herr von Eden‹ in der Vogue, ›Goldkind‹ verkauft unter anderem Kindermode aus eigener Herstellung. Ausgefallene Einzelstücke finden sich im ›Alpenglühen‹ von Designerin Katja Gastell. Junge Labels bekommt man bei ›Beifall‹. Auf

EINE OASE FÜR ALLE, DIE EIN FAIBLE FÜR DAS BESONDERE HABEN

secondhand-Klamotten der 1960er–80er Jahre hat sich das ›Hot Dogs‹ spezialisiert. Außergewöhnliche Goldschmiedekunst präsentiert die ›Iiwii-Gallery‹. Bei der Hexe St. Paula können Sie Kräuter kaufen, die Ihre Liebe wieder in Schwung bringen, Seminare besuchen oder sogar den nächsten ganz speziellen Kindergeburtstag feiern. Und wenn Sie gerne was für alle Ewigkeit hätten, dann gehen Sie doch zu Jungbluth. Die bekannte TV-Tattoofamilie sticht Ihnen auch ein ›Das Karoviertel ist schön‹ auf den Bizeps.

ANTIK- UND FLOHMARKT /// NEUER KAMP 30 /// 20357 HAMBURG ///
WWW.MARKTKULTUR-HAMBURG.DE/FLOHSCHANZE.HTML ///

Jeden Samstag kann man sich auf dem Antik- und Flohmarkt an und in der denkmalgeschützten Alten Rinderschlachthalle von 8 bis 16 Uhr durch die Stände wühlen. Und mit Glück ein Schnäppchen machen. Die Flohschanze ist einfach toll. Der Antik- und Flohmarkt verdient seinen Namen. Es gibt keine Neu- oder Massenware, sondern echten Trödel, schöne alte Stücke und auch kuriose Dinge. Mit ein bisschen Glück findet man etwas ganz Besonderes.

SCHATZSUCHE IMMER AM SAMSTAG

»Da gibt es Schmuck!« Meine kleine Tochter hat wieder einen Stand gefunden, an dem es glitzert. Eine Brosche ist das Objekt der Begierde – ein strassbesetzter Gecko. Nur noch sechs Euro, weil der Markt für heute fast zu Ende ist und viele ihren nicht verkauften Trödel bereits wieder einpacken. Sie überlegt und ich entdecke zauberhafte antike Ohrringe mit Granatsteinen. 35 Euro sollen sie kosten.

Der frühe Vogel fängt den Wurm, aber **AUCH FÜR LANGSCHLÄFER** ist noch genug zu haben. Gegen Ende fallen die Preise.

Tipp

Natürlich handele ich und bekomme sie für 28 Euro. Den Gecko nehmen wir auch und mein Sohn bekommt noch einen Plüschtiger geschenkt. Gutes Geschäft und netter Klönschnack mit der Händlerin. Es lohnt sich, genau zu gucken und ein bisschen zu wühlen. Ab und zu findet ein echtes Schätzchen seinen Weg von der Kellerentrümpelung auf den Markt. Altes Silberbesteck, Geschirr aus verschiedenen Jahrzehnten, Bücher, Schallplatten, antike Möbel und Lampen, das Angebot ist groß. Sie haben auch gute Chancen ein Elchgeweih oder ein ausgestopftes Eichhörnchen zu erstehen. Für das leibliche Wohl ist ebenfalls gesorgt – und für Fußballfans. Die Bundesligaspiele werden

SCHÖNE SCHÄTZE, SKURRILE SACHEN UND NOCH ALLERLEI GEDÖNS. ECHTER TRÖDEL EBEN.

auf Flatscreens übertragen, und wenn der FC St. Pauli am Millerntor spielt, hören sie Freud und Leid sowohl aus den Lautsprechern als auch live aus dem Stadion, das in Sichtweite ist. Noch mal zu den Ohrringen. Ich habe sie reinigen und schätzen lassen. Sie sind etwa 60 Euro wert. Das Gefühl, tatsächlich ein Schnäppchen gemacht zu haben, ist unbezahlbar und kostet nichts.

NEUER WALL /// 20354 HAMBURG /// WWW.NEUERWALL-HAMBURG.DE ///

Hamburg ergänzte die im 13. Jahrhundert erbaute Stadtmauer in der Mitte des 16. Jahrhunderts durch einen Wall mit Wassergraben. Die massive Befestigung war nötig, weil sich die Stadt vom benachbarten Königreich Dänemark bedroht fühlte. Der Wehrbau ist längst abgetragen. Bereits 1707 wurde an dieser Stelle die Straße Neuer Wall angelegt. Heute kämpft man hier nur noch um wohlhabende Kunden. Die dürfen auch gerne aus Dänemark kommen.

HABEN SIE ZU VIEL GELD? HIER KÖNNEN SIE ES AUSGEBEN!

»Man versehe mich mit Luxus. Auf alles Notwendige kann ich verzichten.« Denken Sie wie Oscar Wilde? Dann besuchen Sie den Neuen Wall. An der Geschäftsstraße haben heute Designerflagstores und Edeljuweliere ihren Platz gefunden. Der Neue Wall zählt zu den besten Shoppingmeilen Europas. Wir reden von Luxuslabels der Extraklasse. Gucci, Joop, Jil Sander, Escada, Tod's, Louis Vuitton, Hermès, Bottega Veneta, um nur einige zu nennen, präsentieren Mode und Accessoires vom feinsten. Juweliere mit großen Namen wie Bulgari, Cartier, Montblanc, Tiffany & Co. bieten erlesenen Schmuck und Uhren an, die schon mal so teuer wie ein Neuwagen sein können. Auch traditionsreiche, inhabergeführte Geschäfte haben hier ihren Platz. Hamburg ist das Bundesland mit den meisten Einkommensmillionären. An zahlungsfähigen Kunden mangelt es also nicht und auch Touristen aus aller Welt müssen ihr Geld ja ausgeben dürfen. Aber auch ohne Lottogewinn macht die Straße Spaß. Nur mal gucken. Es gibt Preisschilder, die nachdenklich machen. Kann eine Bluse wirklich 1.200 Euro wert sein? Manch ein Juwelier stellt den exklusiven Schmuck gleich ohne Preisschild ins Schaufenster. Die Mellin-Passage, Hamburgs älteste Einkaufspassage mit wunderschöner Deckenmalerei, verbindet den Neuen Wall mit den Alsterarkaden am Alsterfleet. Bei schönem Wetter der perfekte Ort für eine Shoppingpause. Unter den Arkaden fühlen Sie sich fast wie in Venedig. Zur Adventszeit sorgen am Neuen Wall 27 Bögen mit Tausenden von Lichtern für Weihnachtsstimmung.

> **Tipp**
>
> Man kann sich auch reich sparen. **LUXUSSCHNÄPPCHEN** in der Schlussverkaufszeit gibt es auch bei Gucci und Co.

DIE TRADITIONELLE WEIHNACHTSBELEUCHTUNG GAB ES SCHON IN DEN 1930ER JAHREN.

ZENTRALE – THALIA THEATER /// ALSTERTOR 1 /// 20095 HAMBURG ///
0 40 / 32 81 42 07 /// WWW.THALIA-THEATER.DE/PROGRAMM/ZENTRALE ///

Es ist hektisch in der Innenstadt. Kurz vor Geschäftsschluss schleppen Shoppingbegeisterte ihre Tüten in den nächsten Laden, um noch ein weiteres Schnäppchen zu machen. Aus den Büros machen sich Angestellte auf den Weg nach Hause und an den Bushaltestellen an der Mönckebergstraße schieben sich Trauben von Menschen in die überfüllten Busse. Zum Glück gibt es unweit einen Ort, an dem von dem ganzen Stress nichts zu erkennen ist.

DIE ÜBERRASCHUNG UNTER DEM DACH

Neben dem schönen Portal des Thalia Theaters wirkt der Seiteneingang in die Bar Zentrale klein und unspektakulär. Das Treppenhaus ist nicht anders. Wo sollen die schlichten Stufen denn hinführen? Einfach weitergehen. Wenn die Jazzklänge lauter werden, sind Sie fast am Ziel. Am Ende werden Sie begeistert sein.

> **Tipp**
>
> Ab 19 Uhr können Sie während der Spielzeit in der Bar Zuflucht finden. Über die **VERSCHIEDENEN VERANSTALTUNGEN** sollten Sie sich auf der Homepage informieren.

Mit so einer lässigen und schönen Bar haben Sie nicht gerechnet. Die Bar Zentrale ist Theatergängern natürlich ein Begriff. Nach einer Vorstellung und bei verschiedenen Veranstaltungen in der Bar selbst ist immer sehr viel los. Unter der Woche können Sie sich ganz entspannt an der Theke Ihren Drink abholen, Platz nehmen und sich zu angenehmer Musik unterhalten. Und das alles direkt unter dem Dach des Theaters. Das Ambiente ist besonders. Schwarze Ledermöbel, großgemusterte Tapeten und eine raffinierte Beleuchtung sorgen für eine ganz besondere Stimmung. Die Reflektionen der zentralen Discokugel und die unzähligen kleinen Lampen, die von der Decke hängen, erinnern an einen Sternenhimmel. In der griechischen Mythologie ist Thalia die Muse der komischen Dichtung.

WENIGER IST OFT MEHR – DIE EHER DUNKEL GEHALTENE BAR HAT ATMOSPHÄRE.

Theatergründer Cheri Maurice eröffnete das Haus 1843 unter dem Namen, weil es ihm damals untersagt war, ernste Stücke zu inszenieren. Hamburg wollte keine Konkurrenz für das Stadttheater am Dammtor. Das heutige Haus entstand 1912 gegenüber des alten Thalia Theaters. Faust I und II, Macbeth und Der Raub der Sabinerinnen feiern unter anderem in der Spielzeit 2011 / 2012 Premiere. Besuchen Sie eine Vorstellung!

Um 1200 versorgte ein Lepra-Hospital vor den Mauern der Stadt die Aussätzigen. Es wurde nach dem Heiligen Georg benannt. Die unbeliebte Schweinezucht, der Galgen und ein Friedhof für Pestopfer und Mittellose kamen im Laufe der Zeit dazu. Später lockte der 1906 fertiggestellte Hauptbahnhof Prostituierte an. Nach dem Zweiten Weltkrieg sollte das stark zerstörte Viertel abgerissen werden. Und heute? St. Georg erfreut sich wachsender Beliebtheit.

SAVOIR VIVRE – ANDERS, INDIVIDUELL UND WELTOFFEN

Die Lange Reihe ist heute eine lebendige Straße mit kleineren Fachgeschäften, Modeboutiquen und Gastronomie. Auch einige Reisebüros finden sich. Für eine kulinarische Weltreise muss man die Lange Reihe jedoch nicht verlassen. Die verschiedenen Restaurants bieten Köstliches aus Italien, Spanien, Portugal, Thailand, Indien, Japan oder der Türkei an. Wer selbst kochen will, bekommt die Originalzutaten im indischen oder thailändischen Supermarkt und in einem der kleinen Läden, die Spezialitäten aus

Tipp

Wenn Sie **ENTSPANNT BUMMELN** wollen und nicht scharf auf Konsumketten sind, wird es Ihnen hier gefallen. Kulinarisch stehen Ihnen alle Möglichkeiten offen.

Persien, dem Balkan oder Spanien und Portugal anbieten. Die Lange Reihe präsentiert sich heute attraktiver als jemals zuvor, was bei der Vergangenheit ja auch nicht verwundert. Und da es viele Hamburger wieder in den Stadtteil zieht, haben sich die Mietpreise schon verdreifacht. Mehrere Restaurants und Cafés bieten bei besserem Wetter auch draußen Plätze. Mit Croissant und Milchkaffee das bunte Treiben zu beobachten macht einfach Spaß. Ein bisschen Paris im Norden Deutschlands. Einige Cafés haben kleine Gärten in den Innenhöfen. Das berühmteste Café

BEIM KICKEN KÜSSEN? WARUM NICHT? DIE STRASSE IST BUNT UND OFFEN FÜR ALLE.

ist das Gnosa. Seit dreißig Jahren Treffpunkt vor allem für gleichgeschlechtliche Paare, die in diesem Viertel gerne zu Hause sind. St. Georg ist ein bisschen schwuler als andere Stadtteile, aber auch toleranter. Die Lange Reihe bringt es auf den Punkt. Dönerimbiss und Sterneküche, Kunst aus Tibet und Hamburg, Schwule oder Paare mit und ohne Kind, alle dürfen sich hier wohl fühlen. Nach all dem Elend der vergangenen Jahrhunderte gilt heute ›Leben und leben lassen‹.

Vierländer
stück 0,50
40 St 4,80

Lecker! Obst und Gemüse aus der Region, Fisch und Meeresfrüchte fangfrisch, Fleisch von Gallowayrindern und vieles mehr wird auf den Hamburger Märkten angeboten. Auch Spezialitäten wie französische Quiches, frische Nudelvariationen oder zarte Pralinen verführen zum Kauf. Das reichhaltige Angebot macht einfach Lust zu kochen. Und viel persönlicher als im Supermarkt geht es zu. Die Marktleute halten gerne einen kleinen Klönschnack und probiert werden darf auch. So macht der Einkauf richtig Spaß.

MARKTFÜHRER IN EUROPA

Hamburg hat wieder die Nase vorn. In keiner anderen Stadt Europas finden mehr Wochenmärkte statt. Auf hundert Märkten können Sie von Stand zu Stand schlendern. Als Bewohner der Stadt bleibt man eher in seinem Kiez, als Tourist haben Sie aber die Qual der Wahl. Wenn Sie nur mal schnell auf den Markt gehen wollen, um ein bisschen zu bummeln, kann ich Ihnen den Isemarkt nicht empfehlen. Schnell wollen Sie da nämlich gar nicht mehr weg. Das Angebot ist so vielfältig, dass man nur langsam vorankommt, weil man überall nur kurz mal gucken will. Da es beim Gucken nicht bleiben wird, sondern Sie sich immer wieder zum Kaufen verführen lassen, hat einst ein schlauer Mensch den Hackenporsche erfunden. Die Einkaufstasche auf Rädern, die früher die liebe Oma hinter sich herzog, gehört heute als hippes Accessoire zum Marktbesuch. Ihre Einkaufstour ist lang, im wahrsten Sinne des Wortes. Auf einem Kilometer reiht sich Stand an Stand und damit ist der Isemarkt der längste zusammenhängende Freiluftmarkt Europas. Hier bleibt auch bei Schmuddelwetter alles trocken, denn die über 200 Händler präsentieren ihr Angebot unter der Hochbahntrasse der U-Bahn. Neben Lebensmitteln, Blumen und Bonbons werden hier auch Schmuck, Kerzen und Accessoires dargeboten. Die Hamburger Prominenz kauft hier gerne ein. Einen echten Familienausflug wert ist der schöne Goldbekmarkt am gleichnamigen Kanal in Winterhude. Vor oder nach dem Einkauf kann man sich im sympathischen ›Marktkaffee‹ stärken. Kinder kommen gern mit, denn ein großer Spielplatz lässt keine Langeweile aufkommen.

> **Tipp**
>
> Lassen Sie sich **INSPIRIEREN**. Schauen Sie sich das Angebot an und überlegen Sie bei einem Kaffee, wie viele Gänge Sie am Abend zubereiten und essen wollen.

NUR EINES DER VIELEN PRODUKTE AUF DEN HUNDERT WOCHENMÄRKTEN

SCHWARZLICHTVIERTEL /// KIELER STRASSE 561 /// 22525 HAMBURG ///
0 40 / 2 19 01 91 50 /// WWW.SCHWARZLICHTVIERTEL.DE ///

Wer hier Minigolf spielen will, muss erstmal in ein U-Boot klettern. Der kauzige Kapitän gibt via Bildschirm ein paar Anweisungen und dann geht es auch schon los. Es wackelt und knirscht und das U-Boot neigt sich. Durch die Bullaugen lässt sich die Unterwasserwelt bestaunen. »Sind wir jetzt wirklich unter Wasser?«, fragt ein kleines Mädchen baff. Zum Glück nicht. Nach ein paar Minuten Fische gucken betreten wir mit Ball und Schläger bewaffnet eine einzigartige Minigolfanlage.

MISSION POSSIBLE – MIT DEM U-BOOT ZUM MINIGOLF

Wer hat es erfunden? Ein Schweizer. Nach den Plänen des Schweizer Gartenarchitekten Paul Bongni eröffnete im Jahr 1954 die erste genormte Miniaturgolf-Anlage in Locarno am Lago Maggiore. Bereits ein Jahr später wurde auch in Deutschland Minigolf gespielt. Wer heute milde lächelnd an einen lustigen, aber altbackenen Zeitvertreib auf Campingplätzen denkt, liegt gewaltig daneben. Minigolf zählt zu den anerkannten Sportarten. Es wurde sogar einen Weltverband gegründet. Aber zurück zu Paul Bongni. Er hätte es sich sicher nicht in seinen wildesten Träumen ausmalen können, das Minigolf auch so anders erlebt werden kann. Im versunkenen Atlantis beginnen wir die 18 ½ -Loch Funtastic-Minigolfpartie. Die Augen gewöhnen sich schnell an das ungewohnte Schwarzlicht. Wunderschön leuchten die fluoreszierenden Fische und Wasserpflanzen. Die Themen wechseln. Wir kommen auf eine Schatzinsel, müssen durch den Dschungel und tretten auf Dinos und ein Krokodil. Am Ende spielen wir in einer verlassenen Fabrik.

> **Tipp**
>
> Sie können Ihre Startzeit unkompliziert **ÜBER DAS INTERNET RESERVIEREN**. Damit vermeiden Sie längere Wartezeiten.

MIT VIEL LIEBE ZUM DETAIL LEUCHTEN DIE THEMENWELTEN IM SCHWARZLICHT.

Nach knapp zwei Stunden ist die Minigolfrunde beendet, doch der größte Indoorpark Hamburgs hat noch mehr zu bieten. Mission Possible nennt sich der Laser-Parcours. Wie ein echter Safeknacker muss man hier durch die grünen Strahlen klettern. Im Blindhouse betritt man ein stockdunkles Zimmer. Unsicher und langsam tastet man sich voran und entdeckt blind diesen Raum. Im Bistro kann man sich zwischen den Stationen stärken. Ein großer Spaß, nicht nur für die Kleinen.

TIERPARK HAGENBECK /// LOKSTEDTER GRENZSTRASSE 2 ///
22527 HAMBURG /// 0 40 / 5 30 03 30 /// WWW.HAGENBECK.DE ///

1848 wurden dem Fischhändler Gottfried Hagenbeck sechs Seehunde angeboten. Gegen Bares konnten diese bestaunt werden. Sogar ein ausgewachsener Eisbär fand Platz in der Fischhandlung. Auf dem Spielbudenplatz wurde dieser später mit weiteren Tieren präsentiert. Hagenbeck etablierte sich als Tierhändler und brachte sogar Löwen und Leoparden in die Stadt. Eine neue Firma war geboren: C. Hagenbecks Handlungs-Menagerie St. Pauli.

VOM SEEHUND ZU WELTRUHM

Im Mai 1907 eröffnete Gottfrieds Sohn Carl den ersten gitterfreien Zoo der Welt. Die Geburtsstunde des Tierpark Hagenbeck. Doch nicht nur Tiere wurden bestaunt. Im Rahmen der damals sehr beliebten und heute umstrittenen Völkerschauen holte Hagenbeck auch Menschen aus verschiedenen Ländern in seinen Park. Carl starb 1919. Auf seinem Grab auf dem Friedhof Ohlsdorf liegt der schlafende Löwe Triest in Bronze. Er rettete einst seinem Herrn das Leben. Und heute? Groß und Klein freuen sich bei jedem Wetter auf einen Besuch im Zoo. Über 1.850 Tiere aus der ganzen Welt, teils vom Aussterben bedroht, haben hier ein Zuhause gefunden. Orang-Utans, asiatische Elefanten und Giraffen verzaubern regelmäßig die Gäste und überall im Park wartet süßer Nachwuchs. Zum 100. Geburtstag, im Jahre 2007, machte der Tierpark den Besuchern ein besonderes Geschenk: Das Tropen-Aquarium. 2012 eröffnet ein weiteres Highlight: Das 8.000 Quadratmeter große Eismeer. Ein 700 Meter langer Rundweg führt durch die Welt arktischer und antarktischer Tiere. Bereits vor über hundert Jahren gab es bei Hagenbeck eine Eismeerlandschaft mit Seelöwen, Eisbären und Seeelefanten. Selbst der Kaiser war begeistert. Die im Zweiten Weltkrieg schwer beschädigte und verkleinert weitergeführte Anlage musste schließlich abgerissen werden. Das neue Eismeer ist dem historischen nachempfunden und fasziniert mit ungewöhnlichen Unterwassereinblicken. Hier können Sie Eisbären, Pinguinen und Walrossen beim Tauchen zusehen, ohne zu frieren.

Tipp

Nehmen Sie sich Zeit. Fürs **LEIBLICHE WOHL** ist gesorgt. Essen Sie ihre Pommes beim Gehege der Orang-Utans und Crêpes bei den Löwen.

IN DEN DSCHUNGELNÄCHTEN ZIEHEN GAUKLER DURCH DEN TIERPARK.

TROPEN-AQUARIUM /// LOKSTEDTER GRENZSTRASSE 2 ///
22527 HAMBURG /// 0 40 / 5 30 03 30 ///
WWW.HAGENBECK.DE/TROPEN-AQUARIUM/START.HTML ///

Tauchen ist nicht Ihr Ding? Zu nass und zu gefährlich? Kein Grund, sich nicht näher mit der faszinierenden Unterwasserwelt auseinanderzusetzen. Im Tropen-Aquarium können Sie zu Fuß abtauchen. Vorher müssen Sie allerdings durch den Dschungel wandern, Höhlen erforschen und die giftigsten Schlangenarten der Welt besuchen. Keine Angst, es gibt keine ekligen Prüfungen oder nervige Stars und das Restaurant Makalali-Lodge bietet mehr als Reis und Bohnen.

TAUCHEN FÜR FUSSGÄNGER – DSCHUNGEL FÜR ANFÄNGER

2007 eröffnete neben dem Tierpark Hagenbeck diese besondere Welt. Mehr als 300 Arten haben hier jetzt ihr Zuhause. Es wird genau darauf geachtet, dass es ihrem natürlichen Lebensraum entspricht. 8000 Quadratmeter Exotik. Gleich am Anfang der Expedition am Sonntagnachmittag begrüßen uns die Kattas. Die lustigen Lemuren sind besonders den Kindern aus dem Disneyfilm ›Madagaskar‹ bestens bekannt. Die Äffchen werden nicht in Käfigen gehalten, sondern springen frei herum. Im Dschungelbereich lassen sich Reptilien beobachten. Ein kleines Mädchen steht vor einem grünen Gehege und mault: »Da ist ja gar nichts drin.« Doch, aber es ist wirklich schwierig, eines der Chamäleons auszumachen. Die grüne Mamba und die Königskobra dösen zum Glück hinter Sicherheitsglas. Wir betreten Neptuns Reich. Wer sich unter einem Aquarium ein rechtwinkliges Becken mit Fischen darin vorstellt, liegt grundsätzlich richtig. Nur so ein Aquarium ist hier nicht gemeint. Das Große Hai-Atoll ist die Hauptattraktion und eine der größten Meerwasseranlagen Europas.

> **Tipp**
>
> Das 2009 eröffnete Lindner Park-Hotel Hagenbeck ist vom Internetportal Holidaycheck zum **BELIEBTESTEN HOTEL DEUTSCHLANDS** gewählt worden.

HIER KÖNNEN SIE HAIEN IN DIE AUGEN SCHAUEN, OHNE NASS ZU WERDEN. Verschiedene Haie, Rochen, Clownfische, die Kinder unter dem Namen Nemo kennen, und unzählige weitere Bewohner des Meeres tummeln sich hier in 1,8 Millionen Liter Wasser. Das sind etwa 9000 Badewannenfüllungen. Eine 14 Meter breite und 6 Meter hohe Glasscheibe trennt Sie und das Meer. Der Blick auf die Welt dahinter ist magisch. Wundern Sie sich nicht, wenn Sie plötzlich Lust auf einen Schnuppertauchkurs verspüren.

HAMBURGER DOM /// HEILIGENGEISTFELD /// 20359 HAMBURG ///
0 40 / 4 28 41 28 /// WWW.HAMBURGER-DOM.DE ///

Manch einem wird schon beim Zusehen schlecht. Und vielen müsste man wohl sehr viel Geld bieten, um in eine der Höllenmaschinen einzusteigen. XXL, G4 oder Flash heißen die Fahrgeschäfte, die eigentlich Schleudern sind. Adrenalinjunkies werden ihre helle Freude haben. Und die Zuschauer warten gespannt, wie grün die Gesichter der Mutigen nach dem Besuch eines Katapults mit Sicherheitsbügel sind.

VON DER ZUFLUCHT IM DOM BIS ZUM WAHNSINN AUF DEM DOM

Fast zehn Millionen Menschen besuchten den Hamburger Dom im Jahre 2010. Mehr als 260 Schausteller bieten jede Menge Spaß. Zahlreiche Buden laden zum Naschen und Schlemmen ein. Überflüssige Kalorien lassen sich schnell wieder loswerden, wenn man sich in den neuesten Attraktionen von 0 auf 100 km/h in 6 Sekunden beschleunigen lässt oder den freien Fall ausprobiert. Es geht aber auch ruhiger. Schöne Karussells mit bunten Holzpferdchen begeistern die Kleinsten. Im Frühjahr, im Sommer und im Winter findet die vierwöchige Kirmes statt, die sich ›Dom‹ nennt und ihren Ursprung im Mittelalter hat. Bei schlechtem Wetter wurde der Marien-Dom von Handwerkern, Gauklern, Quacksalbern und Händlern belagert. Der Domherr, Erzbischof Burchard von Bremen, fand keinen Gefallen an dem bunten Völkchen und erteilte ihm 1334 Hausverbot. Er hatte nicht mit dem Widerstand der Kirchgänger gerechnet und so musste er bereits drei Jahre später einlenken, mit einem Kompromiss. Nur bei ›Schietwedder‹ soll der Dom den Händlern offenstehen. Zu Beginn des 16. Jahrhunderts wurde eine Seitenhalle erbaut. Dort gab es einen jährlichen Weihnachtsmarkt, den Dom. Als die Kirche ab 1804 abgerissen wurde, tingelten die Händler und Schausteller jahrelang durch die Stadt, bis ihnen 1892 das Heiligengeistfeld zugeteilt wurde, auf dem nun der ›Winterdom‹ stattfand. 1922 gab es den ersten Frühlingsdom. Nach dem Zweiten Weltkrieg wurde das Volksfest 1947 erstmals auch im Sommer veranstaltet. Bis heute geht es dreimal im Jahr rund, das Tempo bestimmen Sie selbst.

> **Tipp**
>
> Der Winterdom erinnert mit einem **KLEINEN HISTORISCHEN WEIHNACHTSMARKT** an den Ursprung des Festes. Mittwochs ist Familientag. Freitags gibt es Feuerwerk.

NOSTALGISCHER STAMMGAST – 60 METER HOCH IST DAS GRÖSSTE TRANSPORTABLE RIESENRAD DER WELT.

HAMBURGMUSEUM – MUSEUM FÜR HAMBURGISCHE GESCHICHTE ///
HOLSTENWALL 24 /// 20355 HAMBURG /// 0 40 / 42 81 32 23 80 ///
WWW.HAMBURGMUSEUM.DE ///

Nach der Hammaburg wird immer noch fieberhaft gesucht. Die Stadt verdankt der im 9. Jahrhundert errichteten Burg ihren Namen. Sollten Historiker irgendwann Überreste finden, werden die Artefakte im Museum für Hamburgische Geschichte landen. Gesucht wurde auch nach einem berühmten Kopf, der längst gefunden und ausgestellt war. Am 9. Januar 2010 kam es im Museum zu einer unheimlichen Entführung. Der Schädel des legendären Piraten Klaus Störtebeker wurde gestohlen.

VON DER HAMMABURG ZUR WELTSTADT

Was wissen Sie über Hamburg? Erstaunlich wenig, werden Sie vielleicht feststellen, wenn Sie als Bürger unserer Stadt durch die Ausstellung und damit durch ihre Geschichte gehen. Als Tourist bekommen Sie hier einen großartigen Überblick über die verschiedenen Zeitabschnitte der Stadt. Nebenbei, Glückwunsch, dass Sie sich für die schönste Stadt der Welt entschieden haben! Lernen Sie diese besser kennen! Bereits seit 1839 sammelt der Verein für Hamburgische Geschichte Hamburgische Altertümer. 1914 wurde mit dem Bau des heutigen Museums begonnen,

AUCH KINDERN MACHT DIE AUS-STELLUNG SPASS. An 41 Stationen erklärt eine kleine Ratte das Museum kindgerecht. Auf der Internetseite können sich die Kleinen vorbereiten.

Tipp

1922 wurde es eröffnet. Oberbaudirektor war wie bei so vielen großartigen Bauwerken Fritz Schuhmacher. Nach ihm ist auch der seit 1989 mit einem gigantischen Glasdach geschützte Innenhof benannt. Das Museum erklärt die Geschichte Hamburgs von 800 bis heute. Erfahren Sie mehr über Piraten und das Mittelalter, die Stadtentwicklung, das Kaiserreich, den großen Brand und die beiden Weltkriege. Auch das Leben der Juden und die grausame Enteignung und Verfolgung im Dritten Reich ist Inhalt der Ausstellung. Was im 17. und 18. Jahrhundert en vogue war,

IM MUSEUMSCAFÉ FEES IM GLASÜBERDACHTEN INNENHOF LANDEN SIE WUNDERSCHÖN IN DER GEGENWART.

können Sie an der originalen Bekleidung feststellen. Lernen Sie mehr über Musik, Kunst und Theater. Besuchen Sie die Kommandobrücke des Dampfers Werner und sehen Sie dort den ersten Farbfilm über den Hamburger Hafen aus dem Jahre 1938. Eine große Modelleisenbahn begeistert nicht nur kleine Gäste. Der Schädel Störtebekers wurde übrigens am 11. März 2011 bei der Polizei abgegeben und kann nun wieder besichtigt werden.

1969 eröffnete der Wildpark am Stadtrand von Hamburg in den Harburger Bergen. Die bis zu 155 Meter hohen Hügel sind geomorphologisch gesehen Endmoränen. Die großzügige Parkanlage ist wundervoll angelegt und ganzjährig geöffnet. Auf 50 Hektar leben etwa hundert mehr oder weniger heimische Tierarten mit ihren Familien. Jede Jahreszeit hat ihre Attraktionen und die wechselnden Veranstaltungen machen die Besuche nie langweilig.

KENNEN SIE SCHON DIE NUTRIAS?

Gleich nach Betreten des Parks trifft man auf die ersten Bewohner. Die Hängebauchschweine. Und das Quieken ist laut. Nicht das der Schweine, sondern das der begeisterten Kinder. Der Rundgang beginnt. Luchse, Wildschweine, Braunbären, Wölfe, Elche, aber auch Fledermäuse, Uhus und Wasserratten können in ihren Gehegen beobachtet werden. Und die Nutrias. Die Biberratte kann 65 Zentimeter lang werden. Mit ihrem 40 Zentimeter langen Schwanz wiegt sie bis zu 9 Kilo. Eklig? Nee, eigentlich ist die große

> **Tipp**
>
> Erklimmen Sie die 151 Stufen des Elbblickturms! **DIE AUSSICHT IST ATEMBERAUBEND.** Bei klarem Wetter sehen Sie über den Rosengartenwald bis zum Hamburger Hafen.

Verwandte des Meerschweins ganz süß. Monogam, nass und irgendwie putzig. Die Flugschau der Eventfalknerei Thomas Wamser bringt Ihnen die Greifvögel näher. Auch mal sehr nah. Wenn Sie den Kopf nicht rechtzeitig einziehen, könnte der Flügel des Weißkopfseeadlers diesen schon mal streifen. Im Streichelgehege freuen sich die Ziegen auf Futter.

Und Sie selbst können sich auch auf Futter freuen. In der Köhlerhütte brennt immer ein Feuer. Wenn Sie Ihre Bratwürste vergessen haben, können Sie im Park Würstchen kaufen. Sie können natürlich auch im Restaurant das Wild kosten, das Sie gerade noch vor der Linse hatten. Unter anderem Junghirschkeule mit Wacholderrahmsauce, Preiselbeeren in der Frucht, Apfelrotkraut und Kroketten. Natürlich werden auch vegetarische Gerichte angeboten. Wenn Sie mit Kindern

KOMMT EIN ADLER GEFLOGEN! IN DEN FLUGSCHAUEN ZEIGEN FALKNER UND GREIFVÖGEL IHR KÖNNEN.

unterwegs sind, müssen Sie diesen am Ausgang entweder die Augen verbinden oder eine halbe Stunde Extrazeit einplanen. Der Spielplatz begeistert Groß und Klein. Auch manch ein Papa will wie im Actionfilm mit dem Boot in den See fliegen. Lassen Sie sich überraschen!

Vor zwei Jahren hatte Elke Freimuth eine tolle Idee. Sie organisiert Spaziergänge, die weniger populäre Stadtteile und deren kulinarisches Angebot zusammenbringen. In Berlin, München und Hamburg kann man sich durch die verschiedenen Stadtviertel futtern. So auch im Hamburger Schanzenviertel. Drei Stunden spazieren wir durch den Stadtteil, lernen seine Geschichte und das aktuelle Leben kennen, und bekommen in sieben Cafés und Restaurants leckere Kostproben.

GESCHICHTE UND GERICHTE – SCHANZENTOUR KULINARISCH

Bereits am Treffpunkt bringt uns Guide Christina die Schanze näher. Wir folgen ihren Worten und Schritten. Der erste Stopp, das erste Häppchen. In einem versteckten Café wird uns ein Cupcake kredenzt. Ein kleiner Minimuffin mit einer Krone aus lockeren Schokoladen- oder Fruchtpürees. Es schneit und es ist kalt, aber die Laune ist bestens. An der Roten Flora erfahren wir mehr über die Geschichte des einstigen Konzertsaals, die heutigen Besetzer und ihre – nachvollziehbaren – Beweggründe. Am ›Schulterblatt‹ wird uns der Ursprung des heutigen Straßennamens verraten. Ein Wirt hatte im 17. Jahrhundert eine gute PR-Idee, wie man heute sagen würde. Er besorgte sich von einem der damals zahlreichen Walfänger das Schulterblatt eines der riesigen Meeressäuger, malte es bunt an und stellte es vor seine Kneipe. Von da an ging man zum Schulterblatt. In einem Bio-Restaurant stärken wir uns mit einem Gemüsereisplätzchen an Sahnesauce. Nach weiteren Stopps in einer Müslibar und bei Pannfisch in einer Brasserie verstehen wir das Leben auf der Schanze schon etwas besser. Das Viertel ist im Wandel. Aus der einstigen Hochburg der Linken wird ein schickes Szeneviertel der Besserverdienenden. Eine Entwicklung, die nicht unproblematisch ist. Nach einer kleinen Currywurststärkung in einem Kultimbiss erfahren wir, wo im 17. Jahrhundert der ›Pesthof‹ stand. Nicht nur Pestkranke wurden hier versorgt, auch Geisteskranke. Die ›Tollen‹ waren in Holzkisten untergebracht. Ein schauriger Ausflug in die Vergangenheit. Wir stärken uns mit einer türkischen Linsensuppe und gehen weiter. Bei einem alteingesessenen Konditor versüßen uns feine Pralinen das Ende des wunderbaren Stadtteilrundgangs.

> **Tipp**
>
> ›Eat the world‹ bietet auch einen **KULINARISCHEN SPAZIERGANG** durch den Stadtteil Ottensen an. Essen Sie vorher nicht zu viel. Es lohnt sich.

ERFAHREN SIE MEHR ÜBER DAS STERNSCHANZENVIERTEL UM DIE ROTE FLORA.

Sie hat die längsten Beine der Stadt. Ihr Make-up ist perfekt und bietet die Farbpalette eines Aras. Und wie der Papagei ist sie schön, bunt und redegewandt. Sie plappert nur nicht nach. Was die Jones zum Besten gibt, ist originell und lustig, weil sie einen großartigen Humor besitzt. Natürlich sind ihre Sprüche ab und an auch etwas schmutzig. So soll es ja auch sein. Schließlich sind wir im sündigen Stadtteil St. Pauli unterwegs.

OLIVIA UND IHR TEAM ERKLÄREN DEN SÜNDIGEN STADTTEIL

Mit weiteren Menschen stehe ich am Treffpunkt, der U-Bahnstation St. Pauli. Angeheiterte Grüppchen, junge und ältere Pärchen aus ganz Deutschland wollen sich heute von Kulttranse Olivia Jones und ihren charmanten Mitarbeitern Sven Florijan und Jean Rogers in 100 Minuten den Kiez näher bringen lassen. »Mann, ist die groß!« Ja, mindestens zwei Meter und auch

> Buchen Sie Ihre Safari FRÜHZEITIG. Manche Touren sind über Monate ausgebucht.

Tipp

ohne hohe Hacken eine Erscheinung. Olivia begrüßt uns alle, bevor wir in drei Gruppen losmarschieren. Ich bin in der von Olivia persönlich geführten dabei. »So ihr Lieben, dann wollen wir mal.« Sie schreitet mit ihrem Assistenten Doktor Bob voran. »Wenn ihr spezielle Vorlieben habt, könnt ihr hier auf St. Pauli alles finden. Ich bin euch gern behilflich. Sprecht mich ruhig an. Ich bin diskret. Oder wir diskutieren das in der Gruppe.« Wir starten im neuen St. Pauli. Olivia informiert uns kurz über die Tanzenden Türme von Stararchitekt Hadi Teherani, das neue Operettenhaus, das mit Musicals wie ›Sister Act‹ begeistert und das Panoptikum, Deutschlands erstem Wachsfigurenkabinett von 1879. Damit endet das brave Kulturprogramm. »Und jetzt gehen wir in einen Sexshop! Deswegen seid ihr doch hier, oder?« Es wird interessiert geschaut und ein bisschen gekichert bei dem vielfältigen Angebot. Olivia ist der Meinung, dass

| DIESE ›FRAU‹ IST KULT.

wir alle ein bisschen zu nüchtern sind und lädt uns auf ein Bier an der Tanke ein. Mit der Flasche in der Hand ziehen wir weiter. Wir kommen an den Theatern vorbei und immer wieder wird deutlich, wie bekannt die Jones ist. Fremde Menschen grüßen sie, machen Komplimente und zücken ihr Handy, um ein Foto von ihr zu machen. Wir erreichen das Sankt Pauli Museum und dürfen diesem einen kurzen Besuch abstatten. Die legendäre Herbertstraße liegt gleich daneben. In Schaufenstern präsentieren sich die Damen. Auch die berühmteste Hure Deutschlands, Domenica, hat hier gearbeitet. Der Zutritt ist nur für Männer. Also teilt sich unsere Gruppe. Die Jungs gehen mit Doktor Bob durch die Herbertstraße und wir Mädels ziehen mit Olivia in die nächste Kneipe und trinken einen Schnaps. Hier ist auch ein bisschen Zeit für ein persönliches Foto mit der Jones und ein bisschen Small Talk. Wieder vereint geht es in die Ritze, dem Kultboxladen, in dem schon Muhammad Ali geboxt hat. Wir dürfen uns sogar den Boxring ansehen und die schweißgeschwängerte Luft atmen. Der Rundgang endet auf der Großen Freiheit. Vorbei am Beatles-Platz und am Dollhouse kommen wir zu Olivias Bars. Wir Mädels haben freien Eintritt in der Wilde Jungs-Bar. In der ersten Stripbar nur für Frauen schauen wir uns halb nackte, tanzende Kerle an. Die Männer trinken in der Jones-Bar gegenüber. Auch die Gruppen mit Sven Florijan und Jean Rogers sind mittlerweile angekommen. Und Olivia? Die steht ihren Mann. Mehr als 700 Safariteilnehmer wollen jedes Wochenende ein Bild mit ihr. Dazu kommen Tausende von Menschen, die ihr Handy zücken und sie ungefragt ablichten. Sie posiert mit engelsgleicher Geduld. Donnerstags, freitags und samstags führen Olivia, Sven und Jean zweimal täglich über den Kiez. Die Touren sind trotzdem schnell ausgebucht. Wer sich lieber auf einem Schiff unterhalten lassen möchte, kann mit Olivia auch an Bord gehen. Auf der etwas anderen Hafenrundfahrt steht vor allem der Spaß im Vordergrund. Unbedingt empfehlenswert für alle,

DIE GROSSE FREIHEIT – EINE NEBENSTRASSE DER REEPERBAHN

die ein bisschen mehr über den alten Kiez und seine Geschichten erfahren möchten, sind die Touren mit dem Blonden Hans. Hans war 40 Jahre selbst eine feste Größe auf St. Pauli. Nach eigenen Aussagen hatte er ›Mädels am Laufen‹, ›eigene Puffs‹ und ›eine Dauerkarte für die Davidwache‹. Er kannte die Beatles und Posträuber Biggs noch persönlich und hat manch eine Anekdote in petto. Und auch Comedystar Tanja Schumann, bekannt aus der Show ›RTL Samstag Nacht‹, führt über den Kiez. Sie bringt ihnen die komische Seite des Viertels näher und erklärt, was Sie beim Synchronisieren eines Pornos beachten sollten.

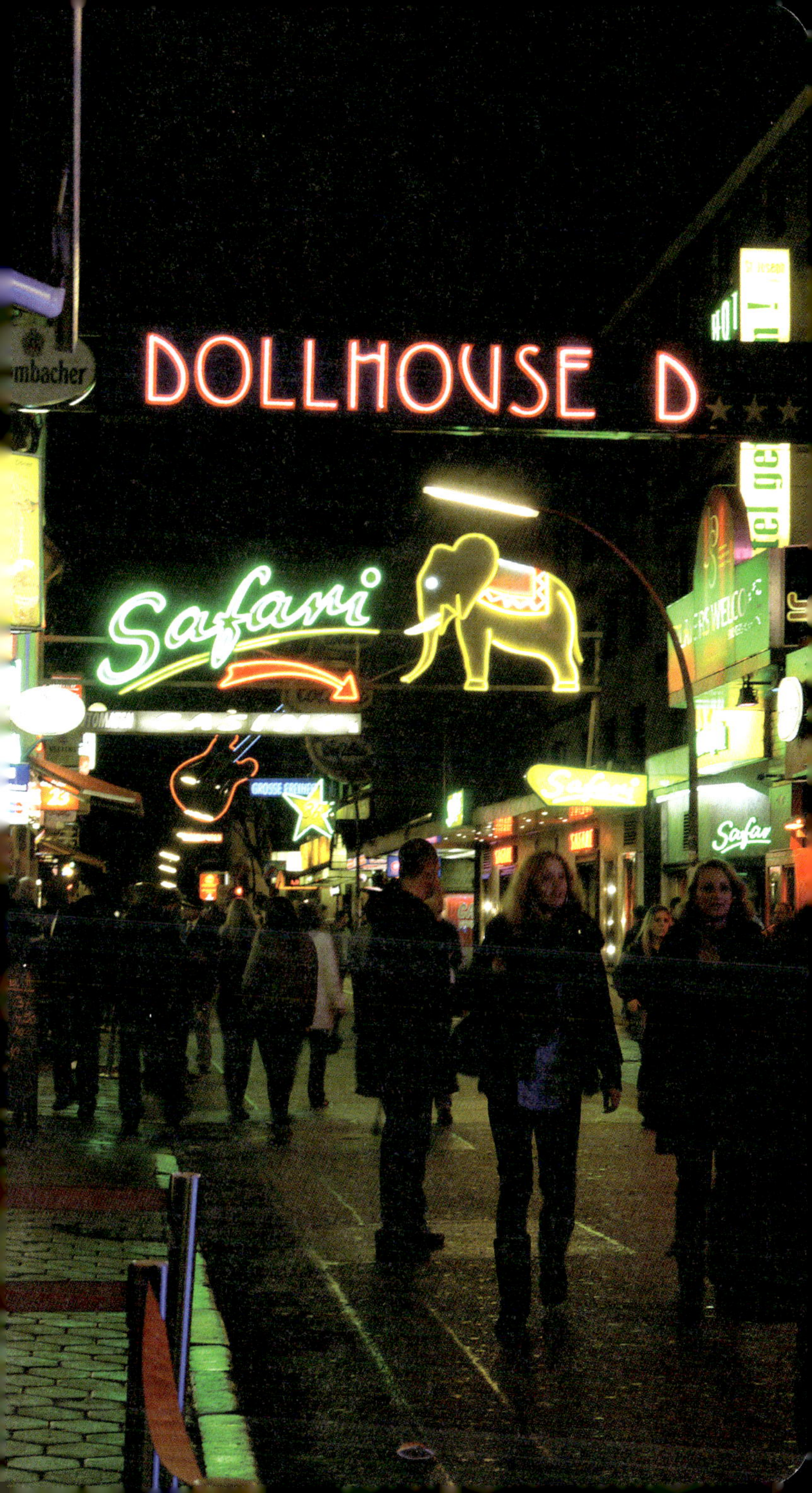
DOLLHOUSE D
Safari
Safari
Safari
GROSSE FREIHEIT

Futuristisch sieht er aus, der Segway. Beim Anblick dieses computerbalancierten Rollers bekommt man im ersten Moment ein mulmiges Gefühl im Bauch. Doch tatsächlich beherrscht so gut wie jeder das zweirädrige Fortbewegungsmittel nach einer kurzen Einweisung, um dann eine ganz besondere Stadtrundfahrt zu erleben. Gefühlt schwebend geht es durch die Stadt zu den wichtigsten Sehenswürdigkeiten Hamburgs.

STADTRUNDFUN PUR

»Sie werden gleich auf den Segway steigen. Es wird ein bisschen wackeln, aber in fünf Minuten werden Sie fahren können. Und dann werden Sie selbst eine Attraktion dieser Stadt sein. Irgendjemand wird Sie sicher fotografieren. Also immer schön lächeln«, meint Karl. Kein Teilnehmer dieser besonderen Citytour glaubt dem netten Tourguide. Skeptisch werden die Segways beäugt. Zwei Räder, eine Lenkstange. Wie soll das funktionieren? Einfach so, wie Karl es sagt. »Es sieht viel komplizierter aus als es tatsächlich ist.« Nach einer kurzen Einweisung starten wir. Zehn Kilometer legen wir in zwei Stunden zurück. Durch die Speicherstadt geht es in die neue HafenCity. Wir fahren zu den Landungsbrücken und besuchen den Weinberg auf dem Stintfang. Zurück geht es vorbei am Park ›Planten un Blomen‹ und entlang der Binnenalster. Über einen kleinen Lautsprecher an der Lenkstange bekommen wir Informationen, kleine Geschichten oder auch einfach Albers' ›Auf der Reeperbahn nachts um halb eins‹ zu hören. Und wir werden tatsächlich fotografiert!

> **Tipp**
>
> Auch für Hamburger ein ganz **BESONDERES ERLEBNIS**. Gleiten Sie durch Hamburgs Geschichte und Geschichten und werden Sie dabei selbst zur Attraktion.

FUTURISTISCH SIEHT ER AUS, DER SEGWAY.

Karl und sein Assistent Justus bringen uns sicher zurück zum Ausgangspunkt. Absteigen möchte trotz müder Beine keiner gern. Am Ende bleibt die Frage: Was hat mehr Spaß gemacht? Der Segway oder die Stadt? Es gibt nur eine Antwort: Zusammen war es ein ganz besonderes Erlebnis!

Fahrrad-Rikschas sind jedem ein Begriff, der schon einmal in Südostasien unterwegs war. Dort sind sie in größeren Städten leider fast ausgestorben. In Hamburg gehören sie zum Glück mittlerweile zum festen Stadtbild. Mehr als 30 futuristische Fahrradtaxis zeigen Ihnen umweltfreundlich die Stadt oder bringen Sie zu Ihrem nächsten Ziel. Nebenbei erfahren Sie noch Interessantes.

MIT EINER MENSCHENSTÄRKE DURCH DIE STADT

»Oh guck mal Mama! Da wollen wir auch mal mitfahren!«, quietschen meine Mäuse, als eine der modernen Fahrradrikschas auf uns zufährt. Ich stoppe die Rikscha, entschuldige mich bei den beiden Passagieren für die Unterbrechung und frage den Fahrer, wo wir denn so ein Fahrradtaxi mieten können.

»Wir stehen am Rathaus, aber ich rufe schnell einen Kollegen an.«

Sie dürfen sich auch Ihre INDIVIDU-ELLE ROUTE zusammenstellen. Einsteigen können Sie am Rathausmarkt, am Jungfernstieg und an den Landungsbrücken, Brücke 1.

Tipp

Während er telefoniert, schwärmen seine Fahrgäste, ein Pärchen aus Süddeutschland, von ihrer Tour. »Der Kollege ist in etwa acht Minuten hier.« Und so ist es auch. Bruno heißt unser Fahrer und er stellt sich sofort auf ein kinderfreundliches Programm ein. Nach einem kurzen Besuch auf dem Hopfenmarkt und der St. Nikolaikirche kommen wir zur Trostbrücke. Dort steht der 1898 fertiggestellte Laeiszhof, ein Kontorhaus. Bruno deutet auf das Dach.

»Zoe, guck doch mal. Was ist denn das da?«

»Ein Pudel!« »Genau! Ein Pudel!« Ich bin verwirrt. Was macht denn so ein Fiffi auf dem Dach einer der weltweit größten Reedereien? Bruno weiß es.

»Die Frau von Carl Laeisz hatte diesen Spitznamen wegen ihrer krausen Haare. Ein Schiff der Flotte hieß ebenso.« Noch heute tragen alle Schiffe der Schifffahrtsgesellschaft einen Namen mit dem Anfangsbuchstaben P. Wir fahren zum Rathaus und unser Fahrer erklärt meinen Kindern die

DIE MODERNEN FAHRRAD-RIKSCHAS SIND SEHR BEQUEM UND BRINGEN SIE ÜBERALLHIN.

Funktion des Brunnens im Innenhof. Auf dem Rathausmarkt tritt Bruno richtig in die Pedale und dreht ein paar Schleifen. Die Kinder jauchzen vor Vergnügen. 10 Minuten Fahrt kosten 5 Euro. Eine kleine Altstadttour mit interessanten Hintergrundinformationen ist da schon ab 30 Euro drin.

ATLANTIC

Bei Edgar-Wallace-Filmen gruselte ich mich als Kind schon gerne. Nach ›Die toten Augen von London‹ konnte ich erst nach der Lektüre eines Micky-Maus-Heftes einschlafen. Zum Glück ermittelte Joachim Fuchsberger als Inspektor Larry Holt in London. Die düstere Atmosphäre an der nebeligen Themse und Klaus Kinski waren weit weg. Gut, dass ich damals noch nicht wusste, dass die ›englische Hauptstadt‹ gar nicht fern war. Die Szenen wurden in der Speicherstadt gedreht.

RUHE! WIR DREHEN! KLAPPE UND BITTE!

Auch ein anderer Brite war in Hamburg dem Bösen auf der Spur – der Agent seiner Majestät, James Bond. In ›Der Morgen stirbt nie‹ kletterte 007 alias Pierce Brosnan unter anderem an der Fassade des legendären Hotel Atlantic. Und damit hat es die Hansestadt bis nach Hollywood geschafft. Hamburg hat viel zu bieten. Die Filmschaffenden lassen ihre Geschichten gerne an den unterschiedlichsten Ecken Hamburgs spielen. Die schönste Stadt Deutschlands ist sowohl auf der heimischen Mattscheibe als auch in den Kinos präsent. Dieter Wedel siedelte seine Serien ›Der Schattenmann‹ und ›Der König von St. Pauli‹ im Rotlichtmilieu an. Der deutsch-türkische Regisseur und Drehbuchautor Fatih Akin zeigt in Filmen wie ›Gegen die Wand‹ und ›Soul Kitchen‹ viele Facetten Hamburgs und seiner Bewohner. Oliver Dittrich oder besser sein Alter Ego Dittsche bringt seine Sicht der Dinge regelmäßig aus der Eppendorfer Grillstation zum Besten. Das Oberhafenamt an der Ecke Steinhöft und Baumwall wird für die Serie ›Notruf Hafenkante‹ in ein Krankenhaus verwandelt. Das Großstadt-revier ermittelt bereits seit 25 Jahren in der ganzen Stadt. Zwischen Hafen und Alster fällt fast täglich die Klappe. Der Autor Matthias Röhe hat ein Buch

HIER WURDEN EINIGE SZENEN DES BOND-FILMS ›DER MORGEN STIRBT NIE‹ GEDREHT.

über die Drehorte in der Hansestadt geschrieben. Mit ihm können Sie auch einen besonderen Spaziergang machen. Bei einem eineinhalbstündigen Rundgang erfahren Sie mehr über die Kulissen in der Innenstadt und die Produktionen verschiedener Serien und Filme in Hamburg und Umgebung.

Tipp

Sie können auch eine besondere Stadtrundfahrt zu den wichtigsten Drehorten machen. Im ROLLENDEN KINO erfahren Sie mehr über die Filmstadt Hamburg.

Wenn das Wetter in der Hansestadt mitspielt, wird offen gefahren. In keiner anderen Stadt Norddeutschlands fahren mehr Cabriolets durch die Straßen. In nostalgischen Oldtimern, modernen Limousinen und röhrenden PS-Schleudern lässt man sich die Sonne ins Gesicht scheinen. Sie haben keinen offenen Wagen? Dann fahren Sie doch Bus! Bei den Stadtrundfahrten im Doppeldecker können Sie frische Luft tanken und nebenbei Spannendes erfahren.

BEI SCHÖNEM WETTER – OBEN OHNE

Wie viele Brücken hat die Hansestadt? Keine Ahnung? Es sind mehr als in Venedig, London und Amsterdam zusammen. Die Guides der Bustouren müssen das wissen, sie werden nämlich geprüft bevor sie ans Mikro dürfen. Kompetent sind sie alle und manche auch richtig lustig. »Moin, moin, bei herrlichstem Wedder! Wir können heude offen fahren. Und ganz wichtig! Nicht aufstehen! Manche Ampel hängt tief. Da kann es denn ne Beule geben, oder der Kopp ist ab.« So lautet der gut gemeinte Ratschlag, an den man sich halten sollte. Gefährlich sind Stadtrundfahrten natürlich nicht und auch nicht spießig, wie manch einer denken könnte. Je nach Anbieter können Sie ihren Trip bis zu 26 Mal unterbrechen und aus der etwa 90-minütigen Tour einen Tagesausflug machen. Der Bus bringt Sie direkt zu vielen Sehenswürdigkeiten. Vertreten Sie sich die Beine und steigen Sie beim Michelstopp auf den Kirchturm. Besichtigen Sie die neue HafenCity auf eigene Faust, bevor Sie in den nächsten Bus steigen. Und wenn Sie schon am Rathaus sind, dann bummeln Sie doch mal durch die Mönckebergstraße und shoppen ein bisschen. An den Landungsbrücken lassen Sie sich ein Fischbrötchen schmecken und besuchen die Museumsschiffe. Aus dem Doppeldecker haben Frauen tatsächlich die

Tipp

Die Touren starten am Hauptbahnhof und an den Landungsbrücken. Sie können auch ›OBEN OHNE‹ ÜBER DIE ALSTER SCHIPPERN. Das Alstercabrio legt am Jungfernstieg ab.

DAS CABRIOLET FÜR JEDERMANN

Gelegenheit, einen kurzen Blick in die Herbertstraße zu werfen. Betreten darf das weibliche Geschlecht diese nämlich nicht. Erfahren Sie mehr über Hamburg und lassen Sie sich ein bisschen Döntjes erzählen. Den frischen Teint bekommen Sie gratis dazu.

FRIEDHOF OHLSDORF /// FUHLSBÜTTLER STRASSE 756 /// 22337 HAMBURG ///
0 40 / 50 05 33 87 /// WWW.FRIEDHOF-HAMBURG.DE/OHLSDORF.HTML ///

Kann man einen wunderschönen Spaziergang machen – auf einem Friedhof? Ja, man kann! Der Friedhof Ohlsdorf ist der größte Parkfriedhof der Welt und mit seinen 391 Hektar auch die größte Grünanlage der Hansestadt. Eine geführte Tour zeigt einem die versteckten letzten Ruhestätten berühmter Persönlichkeiten und erklärt ihre Geschichten. Selbst eine berühmte Grabstelle zu finden ist fast aussichtslos, denn etwa 256.000 verstecken sich unter den alten Bäumen.

BESUCH BEI GUSTAF GRÜNDGENS UND WOLFGANG BORCHERT

»Wir sind hier bei Ida Ehre und Gustaf Gründgens«, erklärt die nette Dame, die die heutige Führung leitet. Wir stehen vor den beiden Gräbern. Wir sind berührt. Unsere Friedhofsführerin zeigt Fotos der Verstorbenen und bringt uns die Personen und ihre Zeit näher. Es nieselt und es ist kühl, aber dieser etwas andere Ausflug am späten Sonntagvormittag hat nichts Trauriges. Es ist spannend. Gründgens starb nicht in Hamburg, sondern in Manila auf den Philippinen. Schlaftabletten. Ob es ein Unfall war oder ein Suizid? Man weiß es nicht. Wir gehen weiter durch den Irrgarten der Natur. Die 450 Laub- und Nadelgehölzarten, die hier gedeihen, werden zur Nebensache. Wir besuchen Wolfgang Borchert. Mit nur 26 Jahren verstarb der Schriftsteller, der mit ›Draußen vor der Tür‹ und mit seinen Kurzgeschichten bewegte. Bei Inge Meysel und Wolfgang Kieling schauen wir auch noch vorbei. Und immer hat unsere kompetente ›Reiseleitung‹ noch die eine oder andere Information in petto. Nach zwei Stunden endet diese besondere Führung zu den verstorbenen Schauspielern und Schriftstellern. Es gibt weitere, die einem Persönlichkeiten und Geschichte näher bringen. Hans Albers ist hier beigesetzt. Im ›Garten der Frauen‹ ruht Hamburgs berühmteste Dirne Domenica. Etwa zwei Millionen Menschen besuchen den Friedhof Ohlsdorf jährlich. Ein Friedhof, der jedem offen steht. Auch denen, die länger bleiben wollen. Unabhängig von Wohnort oder Konfession darf sich hier jeder bestatten lassen.

Tipp

Ein Spaziergang Anfang Juni zur Rhododendronblüte zeigt den Park in den **SCHÖNSTEN FARBEN**. Der Herbst lässt die Engel besonders glänzen und die Stimmung bei Bodennebel ist nicht von dieser Welt.

SUCHEN SIE IHREN PERSÖNLICHEN ENGEL! VIELE GRABMÄLER SUCHEN NOCH EINEN PATEN.

Alle Bilder wurden von Anke Clausen fotografiert. Die Firma Panasonic war
so freundlich der Autorin die Lumix GH1 zur Verfügung zu stellen.
    Autor und Verlag haben alle Informationen mit größtmöglicher Sorg-
falt geprüft. Gleichwohl sind Fehler nicht vollständig auszuschließen.
Alle Angaben erfolgen ohne Gewähr. Bitte schreiben Sie uns! Über Ihre
Rückmeldung zum Buch und über Verbesserungsvorschläge freuen sich
Autor und Verlag: lieblingsplaetze@gmeiner-verlag.de

Lieblingsplätze entdecken

11 × 66 Orte, die einen Besuch wert sind

978-3-8392-1159-5

978-3-8392-1166-3

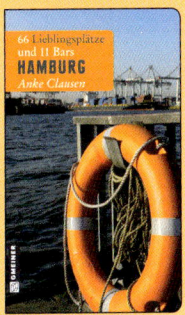

978-3-8392-1170-0

978-3-8392-1154-0

978-3-8392-1162-5

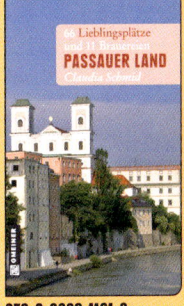

978-3-8392-1161-8

978-3-8392-1164-9

978-3-8392-1156-4

978-3-8392-1155-7

978-3-8392-1157-1

978-3-8392-1160-1

Regional- und Stadtführer mit individuellen Tipps, die liebevoll ausgestattet Lust aufs Verreisen und auf mehr machen. In essayistischen Erzählungen und ganz persönlichen Ortsporträts. Garantiert schon bald auch Ihre Lieblingsplätze!